KB154512

베이비부머가 떠나야
모두가 산다

마강래 지음

지금+여기 ⑧

베이비부머가 떠나야 모두가 산다

2020년 3월 23일 초판 1쇄
2020년 11월 28일 초판 2쇄

지 은 이 | 마강래
일러스트 | 정정선

책임편집 | 김희중
제   작 | 영신사

펴 낸 이 | 장의덕
펴 낸 곳 | 도서출판 개마고원
등   록 | 1989년 9월 4일 제2-877호
주   소 | 경기도 고양시 일산동구 호수로 662 삼성라끄빌 1018호
전   화 | (031) 907-1012, 1018
팩   스 | (031) 907-1044
이 메 일 | webmaster@kaema.co.kr

ISBN 978-89-5769-464-0(03330)

• 책값은 뒤표지에 표기되어 있습니다.
• 파본은 구입하신 서점에서 교환해 드립니다.

청년과 지방을 살리는 귀향 프로젝트

베이비부머가 떠나야 모두가 산다

지금+여기 8

마강래 지음

개마고원

오 마이 베이비부머!

내 고향은 강원도 춘천이다. 대학에 진학하면서부터 본격적인 서울 생활을 시작했다. 서울 생활은 예상했던 대로 낯설었다. 대학 친구들은 종종 내게 묻곤 했다.

"이번 주말에도 시골 가?"

이건 무슨 말이지? 잠시 멈칫했다.

"아니… 춘천 집에 부모님 뵈러…."

"그러니까, 춘천 가냐고."

"춘천이 시골이야? 집 주변이 온통 아스팔트인데?!"

"……"

1990년대 초반인데도 그랬다. 서울에서 나고 자란 친구들에게 서울 밖은 모두 시골로 통칠 수 있는 곳이었다. 나중에 들었지만 그 친구는 부산에서 유학 온 친구에게도 "시골 가?"라는 질문을 했다고 한다. 오해가 풀렸다. 그 친구가 상상한 시골이, 내가 떠올리며 열등감을 느낀 시골이 아니기 때문이었다. 하지만 지금은 상황이 많이 달라졌다. 지방은 진짜 시골이 되어가고 있다. 마주치는 사람이든 집이든 한 해가 다르게 듬성해지고, 한적하다 못해 쓸쓸해지고 있다.

살아남을 수 있을까? 요즘 지방 중소도시들 스스로 이런 질문을 자주 던진다. 쇠퇴하고 있는 지역을 가보면 흔히 듣는 말이다. "청년이 살아야 지방이 산다." "청년이 미래다." "청년 일자리를 만들어야 한다." 일면 맞는 말이다. 인구 축소를 넘어 소멸을 우려하고 있는 지역들은 과거 20~30년간 젊은 인구가 빠르게 빠져나갔던 곳이기 때문이다. 그러니 어떻든 이들을 다시 끌어들여야 했다. 청년들을 위한 문화예술 공간도 마련해주고, 이들이 창업하는 가게도 지원했다. 건물을 올릴 땐 청년 스타트업 창업공간도 갖춰놨다. 하지만 그 효과는 매우 제한적이었다. 어떤 방안을 내놓든 대부분의 청년들은 눈길을 주지 않았다. 그렇다고 그들이 대도시에 바싹 눌어붙은 채 스펙 쌓는 데만 온힘을 쏟고 관공서와 대기업의 문만 두드린다고 손가락질할 수는 없다. 입장 바꿔 생각해보자. 당신이 청년이라면, 쇠락해가는 지역으로 돌아가 창창히 남은 50년 인생을 불사를 수 있겠는가.

쇠퇴지역마다 단골로 등장하는 '전통시장 청년상인' 육성사업이란 게 있다. 나는 청년상인이란 단어를 들을 때마다 왠지 모를 어색함을 느끼곤 한다. 마치 '즐거운 낙담' '희망찬 무기력' 같은 형용모순을 대할 때처럼 말이다. 내가 (대학을 통해서나마) 만나본 청년들은, 생각은 거칠지만 새로운 것에 대한 뜨거운 욕구를 갖고 있는 이들이다. 말 그대로 다듬어지지 않은 보석들이다. 그런 이들이 진취적인 모습을 보이지 않는 이유, 그러니까 공무원, 공기업 직원, 의사 등과 같은 안정된 일자리에 매달리는 이유는 욕구를 실현할 만한 사회경제적 장이 없어서다. 청년들이 장사에 뛰어들면 안 된다는 게 아니다. 톡톡 튀는 아이디어로 이른바 '대박'을 낼 수도 있다. 하지만 그런 행운은 소수에게만 돌아가고 대부분은 실패한다. 장사엔 입지·거래처·고객 등에 관한 경험과 노하우가 필요하지만, 젊은이들은 그런 게 별로 없기 때문이다.

지방 중소도시는 분명 '젊은 피'가 절실하다. 하지만 절실함이 곧 가능성을 보장하는 건 아니다. 실제로 어떤 인구가 유입될 수 있는지 냉정히 생각해야 한다. 청년들에게 맞는 혁신산업들이 대도시의 도심으로 몰리고 있다. 산업구조가 변동하고 있기 때문이다. 하지만 이에 발맞춰야 할 청년들은 반대로 대도시 밖으로 밀려나고 있다. 정부는 귀농귀촌 통계를 통해 매년 25만 명 정도의 청년인구가 도시 밖으로 나간다며, 농촌의 회생을 점치고 있다. 하지만 이건 '공간과 사람의 부조화 현상'일 뿐이다. 이에 대해 책의 본문에서 자세히 밝히겠지만, 청년들은 밖으로 나가고 싶어 나간 게 아니다. 대도시의 집값을 감당할 수 없어 외곽으로 쫓겨나고 있을 뿐이다.

이 책은 '저성장'과 '산업구조의 변화'라는 메가트렌드 속에서 젊은이들의 유출로 고통받고 있는 지방도시들의 생존전략 가운데 하나를 다루고 있다. 지방살리기의 전략이란 점에서 전작인 『지방

도시 살생부』와 『지방분권이 지방을 망친다』의 연장선상에 있다고 볼 수 있다. 『지방도시 살생부』에서는 지방 중소도시의 생존을 위해 '압축도시' 전략의 필요성을 제시한 바 있다. 인구감소와 외곽 개발로 점차 매력을 잃어가는 지방 중소도시에 꼭 필요한 방향이었다. 하지만 이런 도시 압축은 외부 인구를 유입시키기보다는 인구 유출을 억제하는 데 보다 유효한 전략이다. 도시가 재도약하는 데는 보다 공세적인 전략이 필요하다. 그래서 후속작인 『지방분권이 지방을 망친다』에서 수도권에 맞대응할 수 있는 지방 대도시권 육성의 중요성을 강조했다. 지방 대도시권이 성장해야 수도권으로 빨려들어가는 젊은 인구의 발걸음을 되돌릴 수 있기 때문이다. 지방 대도시권은 이렇게 수도권의 독식을 막는 최후의 보루다.

그에 이어 세번째인 이 책이 주목하고 있는 것은, 인구감소와 고령화 추세 속에서 거대 세력으로 부각될 '베이비부머(베이비붐 세대)'다. 베이비부머라는 거대 인구집단이 올해부터 65세 이상 고령자층으로 편입되기 시작하면서, 우리 사회에 엄청난 지각변동이 예고되고 있다. 고령인구층이 두터워지면서 복지문제, 재정문제, 세대간 갈등 등의 온갖 사회적 난제들이 대두될 것이다. 여기서 고령화라는 피할 수 없는 메가트렌드를 정면으로 직시한다면, 무엇이 지방의 생존전략일 수 있을까? 이 책은 은퇴 뒤 대도시에 남아 있기 십상인 베이비부머들을 대거 귀향·귀촌 인구로 흡수해야 함을 역설할 것이다. 베이비부머의 귀향은 대도시의 인구 과밀을 완화할 뿐만 아니라 지방의 생존에도 필수적이다.

베이비부머의 귀향이 정말로 지방을 살릴 수 있을까? 대뜸 이런 반문부터 나올 만큼, 이에 대한 주변의 반응은 대체로 시큰둥하다. 휑하게 변해버린 고향으로 사람을 되돌린다고? 수십 년을 대도시에 살던 사람들이 갑자기 시골이 좋아졌대? 사람들이 떠나버려 존립 자체를 걱정하고 있는 지방, 바로 그곳에 살고 있는 사람들의 생각도 크게 다르지 않았다. "곧 노인이 될 베이비붐세대를 지방으로? 지방이 여전히 '호구'냐?" "베이비부머가 뭐 연어도 아닌데, 그런 게 가능하겠냐?"는 회의적인 시각을 드러내기도 했다. 급격한 인구 축소로 붕괴 위기에 맞닥뜨려 있는 판에 찬밥 더운밥 가릴 때냐고 되묻고 싶었지만, 그러지 못했다. 이미 고령자가 넘쳐나는 지역에, 곧 고령자가 될 사람들이 더해진 미래 또한 그다지 밝지 않을 거란 생각이 뜬금없지는 않기 때문이다.

그럼에도 불구하고 귀향(이하부터 귀촌을 포함한 개념) 연구를 지속할 수 있었던 건, 베이비붐세대가 등장하는 그간의 여러 연구 결과를 믿었기 때문이다. 그중 가장 눈에 띈 건 베이비부머들의 귀향 욕구에 대한 설문조사 결과였다. 수많은 설문조사에서 베이비부머들은 일관되게 은퇴 후 서울을, 대도시를 벗어나고 싶다고 밝혔다. 조사시기도 조사기관도 다양하지만, 모든 조사를 통틀어 봤을 때 대략 50~60%의 베이비부머는 중소도시와 농촌 지역으로의 이주를 희망했고, 10~20%는 구체적인 이주계획도 가지고 있었다. 확인차, 최근에는 몇몇 베이비부머들을 만나 여러 차례 심층 면담도 진행했다. 이들이 고향을 얘기할 땐 목소리 톤도 달라졌다. 그 단어 하나하나에는 간절함이 담겨 있었다. 대도시를 벗어난 삶은, 상상만으로도 이들의 일상을 버티게 해주는 힘인 양 느껴졌다.

사실 베이비부머는, 지금 우리가 목도하는 고령자와는 전혀 다른 사람들이다. 달라도 너무 다르다. 지난 30~40년간 우리나라 정치·경제·사회적 변화를 주도해온 세대여서일까. 이들은 상상했던 것보다 부자이고, 똑똑하며, 사회참여 의지도 강했다. 게다가 무엇보다 또렷한 건, 많은 수의 베이비부머가 도시를 떠나고 싶어 한다는 사실이다. 일부는 어릴 적 기억이 남아 있는 고향으로, 또 다른 일부는 대도시 주변의 시골로 가고 싶어 한다. 베이비부머가 갖고 있는 고향에 대한 그리움, 그것은 동시에 우리 사회가 봉착한 많은 난제를 해결하는 동력의 하나가 될 수 있어 보였다. 그것이 이 책에 담긴 많은 이야기들의 첫 실마리인 셈이다.

우리 사회가 지속가능하기 위해선 젊은이들이 안정적으로 일할 수 있어야 한다. 소득이 있어야 이들이 결혼도 하고, 2세도 계획하고, 세금도 낼 수 있지 않겠는가. 하지만 이것만으로는 부족하다. 앞으로 20년간 우리 사회가 감당할 수 없을 정도로 고령자들이 쏟아져 나오기 때문이다. 그래서도 고령자들은 스스로를 돌볼 수 있어야 한다. 즉 고령자들이 좀더 일을 해야 한다는 뜻이다. 좋은 의미에서건 나쁜 의미에서건.

하지만 이를 어렵게 만드는 게 있다. 바로 '공간과 사람의 부조화' 문제다. 산업구조의 변화로 젊은이들에게 맞는 혁신 일자리들이 대도시로 쏠리고 있는 상황에서 정작 젊은이들은 도시 외곽으로 밀려나고 있다. 이 책의 1부에선 이런 현상을 더욱 증폭시키고 있는 게 고령화 추세며, 그 핵심에 은퇴한 베이비부머의 문제가 자리하고 있음을 지적할 것이다. 그리고 그 대안으로 베이비부머의 탈脫대도시 '귀향'을 제시하고, 귀향이 청년세대와 베이비붐세대 모두에게 득이 될 수 있음을 역설하려 한다.

이어지는 2부에서는 '베이비부머를 위한 귀향정책'을 다룰 것이다. 과거에 이촌향도離村向都로 도시화와 산업화를 주도한 베이비부머지만, 이제 그들의 이도향촌離都向村은 기성세대와 젊은층이 상생할 수 있는 좋은 대안의 하나다. 이들의 귀향이 도시에 쏠린 압력을 누그러뜨린다면 젊은이들이 도시에서 밀려나지 않을 수 있기 때문이다. 다시 강조하지만, 그래야 젊은이들이 결혼도 하고, 집도 사고, 2세에 대한 계획도 세울 수 있다. 2부에서 소개되는 귀향정책은 종류도 다양하고 내용도 많다. 하지만 크게 보면, '귀향인'에 대한 정책과 '귀향지역'에 대한 정책으로 나뉜다. 앞의 것은 '사람'에 대한 것이고, 뒤의 것은 '지역'에 대한 정책이다. 사람에 대한 정책과 지역에 대한 정책이 패키지로 묶여야 비로소 정책 효과가 제대로 발휘될 수 있다.

물론 이 책에 소개된 정책들은 어느 날 갑자기 튀어나온 게 아니다. 일부 전문가들이 이미 제기했거나, 지역 주민들의 오랜 바람을 정리한 것들이 대부분이다. 거기엔 세금·의료·산업·복지 등 내 전문분야를 벗어난 것들도 많았다. 그래서 관련 분야 전문가들을 찾아가 그들의 의견을 구하기도 했다. 하지만 여러 정책들을 한데 아우른다는 건 간단한 일이 아니다. 세금정책이 의료정책과 엮이고, 의료정책은 산업정책에, 산업정책은 또 다시 세금정책과 얽히고설켰다. 그렇기에 일개 연구자가 홀로 다듬어낼 수 있는 사안이 아니다. 하지만 일단 시론으로서 기본 방향과 뼈대만 엮어 테이블 위에 올려놓았다. 해당 분야의 전문가들이 구체적 각론으로 더 다듬어가야 할 대목이 많다는 뜻이다. 앞으로 베이비부머들의 귀향에 대해 더욱 활발한 논의가 이루어지고, 그 과정 속에서 그들의 새로운 삶이 설계될 수 있길 바라는 마음 간절하다.

마지막으로, 이 책의 집필은 재경대구경북시도민회 강보영 회장과의 인연으로 시작되었음을 밝혀두고 싶다. 일면식도 없는 처지임에도 강 회장께서 지방문제에 골몰해 있는 나를 직접 찾아와 귀향정책에 대해 함께 고민해보자고 제안을 했던 것이다. 안동권발전연구소 남치호 소장까지 대동하여, 왜 귀향이 지방살리기의 한 대안이 될 수 있는지에 대해 당신들의 이야기를 여러 차례 들려주었다. 두 분과의 대화가 던져놓은 강렬한 여운은 쉬 가시지 않았고, 그에 기대어 시작한 연구가 이제 바야흐로 결실을 맺고 있는 셈이다. 지방문제에 대해 더 깊은 고민의 기회를 준 두 분께 진심으로 감사의 말을 전하고 싶다.

또한 이번에도 나의 학문적 동지인 연구실 학생들에게 큰 도움을 받았다. 특히 임보영, 강정구, 이경수, 박준범, 김지원, 임지현 학생에게 지면을 빌어 다시 한 번 고마움을 전하고 싶다. 이들은 에코붐세대에 속하지만, 부모뻘인 베이비붐세대의 과거와 현재, 그리고 미래에 대해 큰 관심을 기울였다. 스터디 모임에서 한

학생은, 자식을 위해 젊은 날을 희생했던 부모님의 삶을 회고하며 울먹이기도 했다. 또 다른 학생은, 베이비붐세대가 겪은 과거와 미래 전망을 검토하며 '화려하지만 쓸쓸한 뒷이야기를 가진 한 편의 영화' 같다고 토로하기도 했다. 연구 와중의 그런 장면들은 오래도록 내 기억에 남아 있을 것이다.

2020년 2월 겨울의 끝자락에서

저자 올림

차례

2부 귀향을 위한 맞춤형 설계

1부

베이비부머의
귀향

베이비부머가 떠나야
모두가 산다

1장

늙어가는 베이비부머,
우리 사회의 문제가 되다

베이비부머는 누구인가

베이비부머(1955~1963년생)의 대표 주자는 58년 개띠. 이들이 태어나던 때는 한국전쟁의 상처가 아물지 않았을 시기다. 당시의 국민소득은 81달러에 불과했다. 모두가 찢어지게 가난했고 살아남는 게 인생의 가장 큰 목표였다. 형제자매 간에 숟가락 젓가락을 부딪혀가며 먹을 것을 두고 싸웠다. 연탄가스 중독으로 죽음의 문턱까지 갔던 이들도 많다. 시골에선 아이들이 작은 나무를 베어 말리고 그걸 땔감으로 사용했다.

우리나라의 경제개발은 사람들이 도시로 이동하면서 시작되었다. 58년 개띠가 중학교에 입학하던 1971년에는 도시화율*이 45%

● 도시화율은 도시지역에 살고 있는 사람의 비율을 의미한다. 여기서 '도시지역'이란 '국토의 계획 및 이용에 관한 법률'에서의 네 가지 용도지역(도시지역, 관리지역, 농

19

우리나라의 도시화율

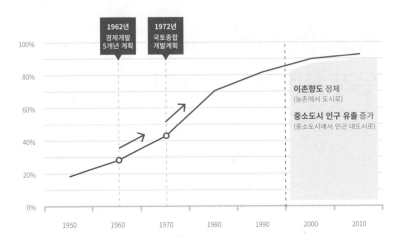

정도였다. 그해 1인당 국민소득은 300달러 정도로, 당시 전세계의 국민소득 평균인 850달러에 한참을 못 미쳤다. 당시 일본의 1인당 국민소득은 2300달러로 우리보다 7배 이상 잘 살았고, 미국은 5600달러 정도로 우리보다 무려 18배 이상 부유했다.[1]

정부는 우리 경제가 나아가야 할 방향으로 '공업화'를 천명했다. 1970년대 초에는 포항·울산·부산·마산·삼천포·여수 등의 거점도시를 선정해 수도권과 함께 공업화를 이끌 장소로 삼았다. 베이비부머의 유년기와 청년기는 '농촌→수도권 및 거점도시'라는 인구 흐름이 거세지는 때와 맞물린다. 많은 수의 베이비부머가 부모를 따라, 혹은 학업을 위해 도시로 이동했다. 그리고 이들은 도

림지역, 자연환경보전지역) 중 '도시지역'에 거주하고 있는 사람들의 비율을 말한다. 전 국토에서 도시지역이 차지하는 비중은 17% 정도인데, 여기에 전 국민의 92%가 몰려 살고 있다. 도시지역은 또 다시 '주거지역'과 '상업지역' '공업지역' '녹지지역'의 네 가지로 세분화되는데, 주택은 대부분 주거지역에 몰려 있다.

시에서 거대한 노동시장을 형성했다.

'한강의 기적'은 도시를 기반으로 실현되었다. 1970년대 초반 전체 인구의 45%였던 도시인구가 10년 만인 1980년엔 70% 정도로 폭증했다. 이 시기를 전후에서 우리나라의 1인당 국민소득 또한 로켓처럼 상승하기 시작한다. 58년생이 대학에 진학할 무렵인 1977년에는 국민소득이 1000달러를 넘었다. 이들이 직장생활에 안착할 20대 말인 1987년엔 3500달러를 넘어섰다. 이 시기 한국 경제는 폭주기관차처럼 달렸다. 58년생이 사회에서 허리 역할을 맡은 1997년엔 1만2000달러로, 직장에서 확고한 자리를 굳히게 된 40대 말엔 2만3000달러로 점프했다. 베이비부머들은 전세계에서 가장 가난했던 나라 중 하나였던 우리나라를 선진국의 문턱까지 끌어올렸다.

한국 경제를 이끌었던 베이비부머들이 이제 현장에서 물러나고 있다. 그리고 2020년부터는 베이비부머의 맏형인 1955년생이 65세가 되어 '법적 노인*'으로 편입된다. 이제부터 우리 사회의 고령화는 더욱 속도를 낼 것이다. 그리고 이들의 은퇴가 온갖 사회적 난제를 만들어낼 것이다. 은퇴자들이 직면한 '시간의 과잉' 문제부터 '연금 고갈' '일자리를 둘러싼 세대 갈등' '고독사' '의료시설 부족' 등의 사회적 이슈들이 끊임없이 대두될 것이다. 정치적

● 노인의 연령기준은 법에 따라 매우 다양하다. '노인장기요양보험법' '기초연금법' '노인복지법' '국민연금과 직역연금의 연계에 관한 법률' '도로교통법'에서는 65세 이상을 노인으로 분류한다. 반면에 '고용상 연령차별금지 및 고령자고용촉진에 관한 법률'에서는 55세 이상을 노인(고령자)으로 보고 있다. 대부분의 법들이 65세 이상을 노인으로 분류하고 있는 현실에 비추어, 이 책에서는 65세를 노인 기준으로 볼 것이다.

문제도 빼놓을 수 없다. 우리보다 먼저 은퇴자를 쏟아낸 선진국들을 보면 이들이 선거에 미치는 영향력이 매우 크다. 우리나라에서도 은퇴계층의 비대화가 엄청난 정치적 파장을 낳을 것이 분명하다.

앞으로 진행될 우리 사회의 위기, 그리고 위기 속에서 잡을 수 있는 기회를 파악하기 위해서는 베이비부머에 대한 이해가 선행되어야 한다.

'베이비부머'란, 그 말 뜻처럼 아기들이 폭발하듯 많이 태어나는 시기에 태어난 이들을 가리킨다. 우리나라의 경우는 일반적으로 한국전쟁이 끝난 후 1955~1963년까지 9년 동안에 걸쳐 태어난 사람들을 베이비부머라 칭하고 있다. 베이비부머가 한국에만 있는 건 아니다. 미국과 일본에도 베이비부머가 있다. 미국은 제2차 세계대전이 끝난 후 출산율이 급등했다. 1946~1965년의 19년 동안 무려 7700만 명이 태어났다.(미국의 베이비부머는 우리나라 총인구 5150만 명보다 많다.) 일본에서도 제2차 세계대전 후 1947~1949년의 3년 동안 높은 출산율이 이어졌다. 이 3년 동안 무려 800만 정도의 인구가 태어났는데(현재 이들 인구는 680만 명 정도), 이들을 '단카이(덩어리)세대'라 부른다.* 인구구조를 보면 이들이 하나의 '덩어리'처럼 툭 튀어나온 형태를 보이고 있기 때문이다. 국적을 불문하고 이들이 갖는 공통점은 '전후세대戰後世代'라

● 일본 베이비붐 기간은 우리보다 훨씬 더 짧고 굵었다. 1947~1949년의 3년 동안 한 해 평균 250만 명 정도의 신생아가 태어났고, 이후 1950년대 초반의 산아제한 정책으로 신생아수가 크게 줄어들게 된다. 일본의 인구구조는 '단카이세대'와 이들의 자녀세대인 '단카이 주니어'의 두 봉우리가 뾰족하게 솟아 있는 모양새다.

나라별 베이비붐 시기와 특징

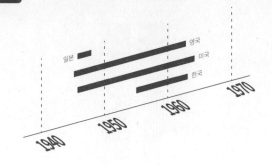

	한국	미국	영국	일본
명칭	베이비부머	베이비부머	베이비부머	단카이세대
출생 연도	1955 - 1963	1946 - 1964	1945 - 1963	1947 - 1949
주된 경험 (역사적 이슈)	4·19혁명 5·16쿠데타 유신체제 민주화운동	베트남전쟁 흑인 등 소수자 인권운동	비틀즈 코드 출산율 저하 1970년대 오일쇼크	패전(태평양전쟁) 반정부 시위
인구 분포	. 712만 명 (인구 14.6%)	7700만 명 (인구 30%)	1490만 명 (인구 24%)	680만 명 (인구 5%)
관련 개념어	한강의 기정 산업화, 민주화	사회운동과 혁명 (자유와 정의)		회사형 인간

는 점이다. 전쟁 후에 사회가 안정되면서 출산율이 급등했다. 출산율의 급등은 흩어졌던 가족이 재결합한 것이 원인이기도 했지만, 혼란기에 잠시 미뤄뒀던 2세를 계획한 게 주된 이유이다.

사회적 상황과 문화적 차이에 따라 베이비가 붐(?)을 이룬 시기는 나라별로 천차만별이다. 미국의 베이비부머는 전쟁 후 19년 동안에 태어난 인구(전체 인구의 약30%)인 데 반해, 일본에선 3년의 짧은 기간에 태어난 인구(전체 인구의 약 5%)만을 세고 있지 않은가. 우리나라의 경우는 9년간 14% 정도의 인구다.

그런데 우리나라의 경우는 '베이비붐' 시기를 더 확장해서 볼

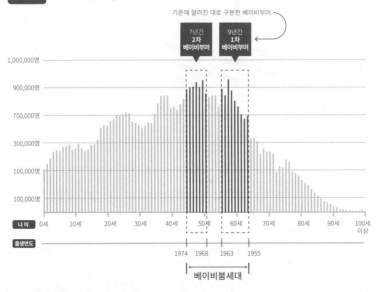

도표 3 한국의 연령별 인구분포(2019년 5월 기준)

여지가 있다. 우리나라 인구구조를 살펴보면, 우리에겐 두 번의 인구 정점peak이 있었다. [도표 3]은 마치 쌍봉낙타의 허리처럼 보인다. 낙타 혹처럼 보이는 첫번째 정점은 1960년 정도에, 다른 한 번은 1970년 정도에 나타났다. 이 두 시기 모두 한 해 100만 명 이상의 신생아가 태어났다(참고로, 최근 한 해 출생아 수는 약 30만 명 정도이다).

이제 통계청 인구조사 자료를 바탕으로 살펴보자. 1970년을 중심으로 한 '혹'의 크기는 1960년 것에 비해 조금 더 두텁다. 그러니 베이비붐세대라면 이 두번째 혹까지 포함해야 타당하다는 목소리도 크다. 물론 첫번째 혹 세대와 두번째 혹 세대의 상황은 매우 다르다. 첫번째 정점 시기(1960년 즈음)의 합계출산율은 6.1명이었지만, 두번째 정점 시기(1970년 즈음)의 합계출산율(가임기 여성 1명이 평생 동안 낳을 것으로 예상되는 출생아 수)은 4.7로 크게 낮아졌기 때문이다. 출산율이 낮아진 두번째 시기에도 어떻게 이 많은 아기들이 태어났을까. 그건 첫번째 시기에 비해 '가임기 여성의 수'가 크게 증가했기 때문이다.

우리나라의 경우 '출산율' 급등 시기는 한 번뿐이지만, '출생아' 급등 시기는 이렇게 두 번이다. 그래서 학계에서는 베이비부머를 1차 베이비부머(1955년부터 1963년까지의 9년간)와 2차 베이비부머(1968년부터 1974년까지의 7년간)로 나누기도 한다. 하지만 우리나라 베이비부머에 대한 연구는 주로 1955~1963년 사이에 태어난 인구에만 집중되어 있다. 베이비들이 붐을 이루었던 시기가 1974년까지 이어지고 있는데도 말이다.

우리나라 베이비부머에 대한 이런 정의는 누가 언제 내렸을까. 여러 문헌들을 찾아봤지만 왜 9년간인지(왜 1955년생에서 1963년생까지만인지)에 대해서는 알 수 없었다. 다만 이를 유추해볼 수 있는 실마리가 없는 건 아니다. 한국전쟁 이후에는 국가적으로 북한을 이기기 위해 '인구 확대' 정책을 펼쳤다. 인구가 국력이었고, 그러니 애를 많이 낳는 게 애국이었다. 어머니날(지금의 어버이날)에 10명 이상의 아이를 출산한 어머니들에게 표창장을 수여할 정도였다. 하지만 이런 '출산장려' 정책은 박정희정권이 들어선 60년대 초반부터 '출산억제birth control' 정책으로 180도 선회했다. 인구증가가 경제성장을 가로막는다는 게 정책 변화의 주된 이유였다. 정부는 인구증가를 막기 위해 '가족계획사업 10개년 계획'(1962~1971년)을 세웠다.˙ 말이 '가족계획'이지, 실제로는 '출산억제 계획'이다. "덮어놓고 낳다 보면 거지꼴을 못 면한다"는 게 당시 가장 흔했던 표어 문구였다. 온탕에서 냉탕으로의 이 급속한 변화의 시점은 일반적으로 통용되는 베이비붐세대와 그 이후 세대를 나누는 시점과 딱 겹친다. 따라서 출산이 장려되던 때부터 출산이 통제되기 이전까지 태어난 이들을 베이비부머로 보게 된 것이리라 짐작해볼 수 있다.

다시 [도표 3]을 보자. 55세(1964년생)의 인구가 그 이전에 비해 적다. 출산억제책이 효과를 발휘한 것이다. 하지만 그것도 잠시뿐, 인구는 다시 튀어오르기 시작했다. 가임여성 인구가 늘어난 탓이다. 이제 본격적으로 질문해보자. 베이비부머를 누구로 보아야 할까? '출산율' 급등 시기를 기준으로 봐야 하는가, 아니면 '출생아' 급등 시기에 관심을 기울여야 하는가? 이에 대한 대답은, 우리 사회가 왜 베이비부머에 주목해야 하는가와 관련돼 있다. 폭탄처럼 한꺼번에 닥쳐올 '거대 인구층의 노령화'와 '대거 은퇴가 가져올 사회적 충격'이 관심사라면, '출생아수'가 많은 시기를 대상으로 하는 게 옳다. 그렇다면 1955~1974년의 20년 동안 태어난 이들로 보아야 한다는 주장이 더 설득력이 있다.[2]

● 이 사업의 핵심적 목표는 3%였던 1960년의 인구증가율을 10년 뒤인 1970년에 2%로 낮추는 것이었다. 그리고 20~44세의 피임율을 45%로 높이려 했다.(그전에는 5% 정도만 피임을 했다.) 정부는 여성과 남성 가릴 것 없이 전방위적인 출산억제 정책을 썼다. 반상회에서는 피임법이 설명되었고, 피임기구가 보급되었으며, 공중화장실에는 콘돔 자판기가 등장했다. 예비군 훈련장 한 구석에선 정관수술을 받기 위해 남성들이 줄을 섰고, 여성에게는 자궁 내 루프 장치나 난관수술이 권장되었다. 이런 분위기 속에서 피임에 실패한 사람들은 인공유산까지 시도했다. 당시에도 낙태는 불법이었지만, 정부의 묵인으로 인해 산부인과는 낙태수술로 호황을 맞았다.

따라서 이 책에서는 학계에서 얘기하는 1차와 2차 베이비부머, 그리고 이들 사이에 낀 4년간의 출생자(1차와 2차 사이에 낀 1964~1967년생 인구도 만만치 않다!)를 모두 합쳐 베이비부머라 통칭할 것이다. 이들의 2020년 현재 나이는 46~65세로, 총인구는 1685만 명이다. 이들은 '이촌향도'를 주도했던 사람들로서, 거대한 '공간적 흐름'을 만들어낸 인구층이다. 이들의 상당수가 15~25세 정도인 1970년부터 1990년대 말까지 농촌을 떠나 도시로 이주했다. 물론 앞세대(현재 나이 56~65세)와 뒷세대(현재 나이 46~55세) 베이비부머의 성격이 약간 다르긴 하다. 그래서 필요한 경우, 베이비부머를 '앞세대'와 '뒷세대'로 구분하며 좀 더 자세한 설명을 이어갈 것이다.

가난하고 외롭게 늙어갈 베이비부머

베이비부머의 은퇴에 가속도가 붙고 있다. 앞세대 베이비부머의 은퇴는 이미 상당히 진행되었고, 뒷세대 베이비부머는 마음의 준비를 하고 있는 듯하다. 55~64세 취업 유경험자 7483명을 대상으로 통계청이 취업상태를 조사한 결과에 따르면, 직장을 다니다 그만두는 시점의 평균연령은 49.1세다.(남자 51.4세, 여자 47.1세)[3]

한참 물이 오른 50세 정도에 은퇴한다고? 조금은 과장되었다고 생각할 수도 있겠다. 사실 은퇴 시기에 관한 통계는 조사하는 곳마다 차이가 크게 나타난다. 어떤 곳은 50.2세(잡코리아[4])로, 또 다른 곳은 57세(삼성생명 은퇴연구소[5])로 발표하기도 했다. 공신력 있는 자료인 '가계금융복지조사'에서 은퇴연령은 62.5세였다.[6] (참고로 이 조사에서는 실업상태이지만 향후 직업을 가질 계획이 있는 사람은 은퇴자로 간주하지 않는다.)

어떤 결과가 진실에 가까운지 분간하기는 어렵다. 이렇게 조사 결과가 들쭉날쭉한 이유는 은퇴자를 골라내는 기준이 천차만별이기 때문이다. 일반적으론 "당신은 현재 은퇴하였습니까?"란 질문에 "예"로 답한 사람들을 은퇴자로 분류한다. 하지만 어떤 조사에서는 '경제활동참가 여부'를 은퇴자 기준으로 사용하기도 하고, 또 다른 조사에서는 노동시간이나 임금수준이 급격히 줄어드는 때를 은퇴 시점으로 잡기도 한다. 가장 오래 다닌 직장을 그만두는 시기를 기준으로 사용하는 조사도 있고, 연금을 받는 시기에 따라 은퇴자를 분류하는 조사도 있다. 어쨌든 은퇴에 대한 기준은 천차만별이지만, 일반적으로 학계나 언론에선 우리나라 성인들의 은퇴 시기를 '50대 중반' 정도로 보고 있는 듯하다.

은퇴는 개인적으로나 사회적으로나 그 중요성이 크다. 이때부터 소득이 급감하기 때문이다. 연금과 금융소득 등이 은퇴 직전 근로소득의 반에도 미치지 못하는 경우가 태반이다. 대체로 우리나라 50대 이상 중고령자들이 생각하는 노후의 '적정생활비'는 부부 기준으로 월 243만 원이다.(1인가구의 경우는 154만 원)[7] 여기서 적정생활비란 가끔 영화관도 가고 외식도 즐길 수 있는 수준, 그러니까 큰 걱정 없이 평범한 생활을 가능케 하는 생활비이다. 은퇴 이후 월 243만 원의 소득을 올릴 수 있을까 생각하면 까마득할

지도 모르겠다. 그럼 '적정'은 포기하고 '최소생활비'는 확보할 수 있을까? 최소생활비는 인간으로서 최소한의 품위를 유지하기 위해 필요한 생활비 수준이다. 중고령자들이 생각하는 최소생활비는 적정생활비보다 훨씬 낮은 월 176만 원으로 나타났다.(1인가구의 경우는 108만 원)

적정이든 최소든 어쨌거나 노후생활을 위해 '희망'하는 금액인데, 현실적으로는 은퇴 후 얼마나 소득을 확보할 수 있을까? 최근 KB금융지주 경영연구소는 '가계금융복지조사'를 이용해 노후생활비에 대해 상세히 분석했다. 일단 65세 은퇴를 가정하고 그 시점의 가구를 자산 기준으로 상위·중위·하위 그룹으로 나눴다.(극단치가 통계를 왜곡할 수 있으니 최상위 15%와 최하위 15%는 제외) 그리고 이 세 그룹이 '국민연금' '금융소득' '기초연금'을 통해 어느 정도의 노후생활비를 확보할 수 있는지를 분석했다.

결과는 충격적이다. 일단, 대한민국 예비은퇴자들이 평균적으로 생각하는 적정생활비는 243만 원, 최소생활비는 176만 원 정도란 걸 기억해두자. 그런데 상위그룹(순자산 평균 4.6억 원)이 은퇴 후 확보할 수 있는 월 소득도 평균적으로 136만 원에 불과했다. 중위그룹(순자산 2.1억 원)은 98만 원 정도를, 하위그룹(순자산 0.6억 원)은 고작 79만 원 정도를 확보할 수 있었다. 상위그룹조차도 최소생활비를 확보하지 못하는 상황인 것이다.

이게 은퇴자들이 여전히 일에 매달릴 수밖에 없는 이유이다. '일하는 은퇴자'라는 말이 좀 이상하게 들릴 수도 있겠다. 부연 설명하자면, 은퇴 후에도 노동시장에서 완전히 빠져나가지 못하고

보유 자산 그룹별 확보 가능한 노후소득

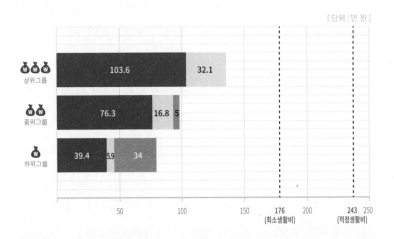

■ 국민연금　■ 금융소득　■ 기초연금

[단위 : 만 원]

상위그룹: 103.6 / 32.1
중위그룹: 76.3 / 16.8 / 5
하위그룹: 39.4 / 5.9 / 34

50　100　150　176 (최소생활비)　200　243 (적정생활비)　250

한 다리 걸쳐두고 있다는 뜻이다. OECD는 '실질은퇴연령average effective age of retirement'이란 이름으로 '진짜' 은퇴연령을 조사하고 있다.[*] 우리나라 실질은퇴연령은 OECD국가 중에 가장 높게 나타나고 있다.[8] 2017년 OECD국가들의 평균 실질은퇴연령은 남성 65.4세, 여성 63.6세인데, 우리의 경우는 무려 73세(남성 72.9세, 여성 73.1세)나 된다.

실질적 은퇴연령이 73세에 달한다는 씁쓸한 사실은, 은퇴 후의 삶이 매우 불안하다는 현실을 보여준다. 연금이나 개인적인 저축으로는 최소생활비조차 맞출 수 없으니, 자신들을 봉양해줄 잘난

● 실질은퇴연령은 말 그대로 노동시장에서 완전히 퇴장하여 더 이상 경제활동을 하지 않는 평균적 나이다. OECD에서는 나이대별로 노동참여율을 고려하여 실질은퇴연령을 추산하고 있다. 이 수치에서는 사망에 따른 노동시장 퇴출은 고려하지 않는다.

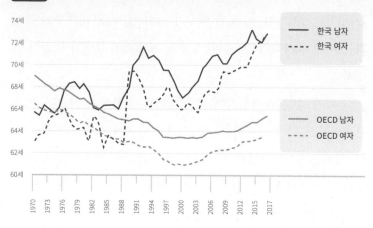

도표 5 실질은퇴연령의 변화 추이(1970-2017)[9]

한국 남자
한국 여자

OECD 남자
OECD 여자

(?) 자식들이 없다면 다시 취업에 나설 수밖에 없다.

　가난한 고령자가 늘어나니, 정부도 최근에 노인 일자리를 공격적으로 늘이고 있지만, 일자리의 질은 매우 낮고 받는 소득 또한 한없이 초라하다. 정부가 마련하는 노인 일자리는 크게 '공익형 일자리' '사회서비스형 일자리' '시장형 일자리'의 세 가지로 나뉜다. 2019년 기준으로 이 세 종류의 일자리 수는 64만 개다. 공익형 일자리는 취약노인이나 취약계층(장애인·다문화가정·한부모가정·청소년 등)을 지원하는 활동, 공공시설(학교급식·도서관·문화재시설 등) 봉사, 경륜전수(건강체조·문화공연 등) 등에 지원한다. 한 달 기준으로 30시간(주 7~8시간) 일하면 월 30만 원을 받는다. 사회서비스형 일자리는 아동·청소년·장애인·취약가정·노인 등에 관한 시설을 지원하는 일이다. 한 달 기준으로 60시간(주 15시간) 노동에 월 54~59만 원을 받는다. 소규모 매장이나 공장에서 노인 일자리를 만들면 이에 대한 지원금을 주는 시장형 일자리의 보수는 천차만별이지만, 이 또한 액수가 그리 크지 않다. 정부가 제공하는 어떤 일자리건 안정적인 노후를 보내기엔 보수가 턱없이 부족하다.

은퇴가 주는 충격은 경제적인 것에만 국한되지 않는다. 많은 은퇴자들이 남아도는 시간을 어떻게 보낼지에 대해 고민하고 있다. 남들은 여생이 길지 않으니 즐기라 조언하지만, 그렇게 하지 못하는 경우가 많다. 김찬호의 『당신의 이야기는 무엇입니까』에 소개된 어느 베이비부머의 고백을 들어보자.

> 시간은 많은데 놀 사람이 없어서 그냥 자기 또래의 사람들, 같은 처지에 있는 사람들과 놀더라고요. 대학 동창, 입사 동기, 퇴사 동기, 초등학교 동창… 서로 밥 한 끼 합시다, 골프 칩시다 하다가도 6개월 지나면 시들해집니다. 사회적 관계망은 급격히 소멸하니까. 사회적 관계망 속에서 떨어져 나가는 순간 급격히 사람들과 멀어진다는 것을 느꼈어요.[10]

오랫동안 동고동락했던 직장 동료들, 그러니까 '또 하나의 가족'은 접착력이 그리 강하지 않다. 직장을 나온 후 딱 6개월 만에 남남이 되어버리곤 한다. 이렇게 '시간의 과잉'에 당황한 은퇴자가 '관계의 빈곤'에 직면하면, 정말이지 초라해질 수밖에 없다. '젖은 낙엽 증후군'이란 게 있다. 은퇴 후 물에 젖은 낙엽처럼 아내에게 '껌딱지'처럼 달라붙어 있는 걸 표현한 것으로, 고령화를 먼저 겪은 일본에서 한때 유행했던 말이다. 우리나라에선 하루종일 아내를 쫓아다니는 남편을 '바둑이'라 부른다. 집 밖에 놀 친구가 없는 바둑이는, '삼식이(세 끼를 집에서 모두 챙겨먹는 남편)'가 된다. 하지만 가정을 위해 온 생을 바쳤던 아내에겐 이런 바둑이가 반가울 리 없다. 아내도 자녀가 장성한 후 생애 처음으로 찾아온, 육아와 가사의 굴레를 벗어날 기회를 학수고대해왔기 때문이다.

진짜 가족도 반겨주지 않을 때 은퇴자들이 선택할 수 있는 대안은 많지 않다. 친구를 불러내자니 눈치도 보이고, 만나봤자 불러낸 사람이 밥을 사야 한다. 그렇다고 노인복지관에 가기에는 너무 젊다. 이때 많은 은퇴자들이 생각하는 가장 좋은 여가활동이 등산이다. 돈 안 들고, 건강도 챙기니 일석이조라고 자위한다. 하지만 이들에게 등산은 시간의 과잉에 당황하지 않을 하나의 방법일 뿐이다.

은퇴 후 대인관계는 급속히 축소된다. 한 설문조사에서는, 은퇴자들이 퇴직한 걸 가장 크게 실감할 때는 아침에 일어나 '오늘은 뭐 하지'라는 생각이 들 때라고 한다.[11] 두번째로 많은 응답으로 '오늘이 평일인지 휴일인지 헷갈릴 때'라고 답했다. 이 둘 모두, 시간의 과잉과 관계의 빈곤이 결합된 결과다. 이런 상황이 지속되면 은퇴자들의 정신건강에 좋을 리 없다. 최근에 발간된 한 보고서는, 중고령층 중에서 일을 하고 있는 이들에 비해 은퇴한 이들의 우울증 위험이 크게 높다고 분석했다.[12] 정신과를 찾는 비율 또한 은퇴자가 훨씬 높았다.

관계의 실패를 대변하는 극단적인 비극은 '고독사'이다. 고독사는 가족이나 친척, 이웃으로부터 단절된 채 홀로 살다가 아무도 모르게 죽는 경우를 말한다. 흔히 '혼살혼죽(혼자 외롭게 살다가 혼자 쓸쓸히 죽어감)'의 경우만을 고독사라 생각하기 쉽지만, 가족이 있는 사람도 이런 비극을 맞이한다. 고독사가 증가하는 이유는 1인가구가 급속도로 많아지고 있기 때문이기도 하지만, 주된 요인은 사회적 관계의 단절 때문이다. 예전에는 독거노인*들이 주로 고독사를 맞았지만 이제 중년층으로도 서서히 고독사가 번지고 있다. 실제로 고독사가 가장 많은 연령대는 60대나 70대가 아닌 50대이다. 노인들의 경우는 그래도 어느 정도의 모니터링이 되는 반면, 50대는 사각지대에 놓여 있는 게 주된 원인이다.[13]

관계의 빈곤을 대변하는 또 다른 극단적인 사건은 '자살'이다. 노인실태조사에서 자살을 생각한 이유로 '경제적 어려움' 때문이라 답한 노인의 비율이 27.7%였다. '건강이 좋지 않아서' 자살하고 싶다고 답한 비율도 27.6%로 나타났다. 하지만 자살을 부추기는 더 큰 요인은 관계에서 오는 스트레스다. '관계'에 대한 문제로, 즉 외로움(12.4%)과 부부·자녀·친구 사이의 갈등 및 단절(18.6%) 등으로 자살 충동이 생긴다고 답한 비율이 무려 31%에 달했다.[14] 2016년 기준으로 우리나라의 자살률은 인구 10만 명당 24.3명이었다. 하루 평균으로 따지면 34.1명이 스스로 목숨을 끊는 셈이

● 우리나라에서 혼자 사는 노인 가구 비중은 2000년 54만 명(65세 이상 인구 중 16.0%)에서 2018년 140만 명(19%)으로 3%포인트 상승했다. 내년부터 베이비부머가 고령자로 편입되면 이 수치는 더욱 상승할 것이다. 통계청에 따르면, 독거노인 수는 앞으로 20년 정도 후인 2037년엔 335만 명, 30년 후엔 405만 명으로 늘어날 것이라 전망하고 있다.

다.[15] 하지만 노인자살률은 이보다 훨씬 높다. 10만 명당 54.8명으로 평균에 비해 2배 이상 높다. 이 수치는 OECD 평균의 3.2배에 달한다.[16] 자살과 같은 극단적인 경우를 제외하더라도, 앞으로 고령화의 진전은 '관계 단절'로 인한 사회적 문제를 야기할 가능성이 크다.

1700만 베이비부머의 은퇴가 주는 사회적 충격

우리나라 인구 3명 중 1명꼴에 해당하는 거대 인구층인 베이비부머. 올해부터 맏형 격인 1955년생이 65세가 되면서, 이들의 노화와 은퇴는 개인적으로도 사회적으로도 엄청난 파급력을 가질 것이다. 이들의 고령자 진입으로 고령화 속도가 더욱 빨라지는 건 아무리 발버둥쳐도 피할 수 없는 '정해진 미래'다. 이런 흐름 속에서 온갖 괴담이 난무한다. 은퇴한 고령자들이 우리 사회의 골칫거리로 등장할 거란 게 핵심이다. 어떤 이야기들일까. 내용은 크게 세 가지로 구분된다.

첫째, 베이비부머가 대거 고령자로 편입되면서 우리 경제가 힘을 잃을 거란 전망이다. 현실을 보자. 경제활동을 그만둔 고령자들은 소비력이 약하다. 반면에 노동시장의 주역인 젊은이들도 줄어들고 있다. 경제활동인구의 감소는 생산활동에도 악영향을 준다. 그러니 줄어드는 소비와 생산이 서로 물고 물리며 경제의 성장률을 끌어내릴 거란 이야기다.

둘째는, 내년부터 이들이 고령자로 편입되면서 정부 곳간이 거덜날 거란 전망이다. 대표적으로 국민연금과 건강보험 문제가 자주 언급되고 있다. 고령인구가 증가하는 데다, 이들의 수명도 늘어나고 있다. 설상가상으로 새로 국민연금과 건강보험 제도에 가입할 젊은 연령층은 줄고 있다. 이런 추세가 이어진다면, 국민연금과 건강보험은 지속가능하지 않다.

셋째는, 세대간 갈등이 격화될 거란 전망이다. 고령자층이 점점 더 많아지고, 이들에게 투입되는 복지비용은 젊은이들의 이익과 상충될 수밖에 없다. '혜택을 받는 사람들'과 '돈을 내는 사람들'의 불일치가 지속되는 상황에선, 이 두 계층 사이의 화합을 기대하긴 힘들다. 앞으로 고령자들은 수적 우세를 이용해 자신들의 이해를 복지정책에 관철할 가능성이 크다. 젊은층은 노년층에게 자신의 몫을 뺏기지 않기 위해 스크럼을 짤 것이다.

방금 얘기한 세 가지 미래 예측을 보다 구체적으로 살펴보자.

우선 전문가들은, 고령화로 인해 우리나라 경제의 활력이 크게 떨어질 것이라 얘기한다. 과거 30년간의 팩트를 보자. 출생수가 줄어들고 있다. 그것도 무지하게 빠른 속도로. 1980년대 초반까지는 80만 명이 넘는 아기가 태어났지만 지금은 30만 명 수준이다. 반면에 기대수명(출생자가 앞으로 생존할 것으로 기대되는 평균 생존 연수)은 늘어나고 있다. 1980년대 초엔 65세 정도였지만, 현재는 83세 정도다. 이 두 추세가 중첩될 때의 미래는 뻔하다. 바로 인구 피라미드에서 노인들의 비중이 커지는 '고령화 현상'이다. 2019년 현재 우리나라 사람들을 나이순으로 줄 세우면 '가장 가운데 위치

인구구조의 과거, 현재, 미래

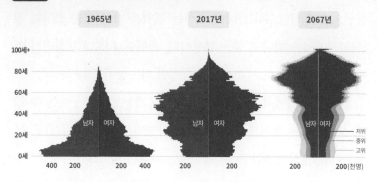

한 사람의 나이(중위연령)'는 43세다. 출산율이 낮아지는데 고령자의 수명은 늘어나고 있으니, 중위연령은 높아질 수밖에 없다. 앞으로 약 10년 후인 2030년에는 중위연령이 약 50세가 될 전망이다. 인구의 반이 50대 이하, 나머지 반이 50대를 넘어선다는 뜻이다. 20년 후인 2040년에는 중위연령이 54.4세, 30년 후인 2050년에는 57.9세가 될 것이라 한다.[17]

회갑(혹은 환갑)은 육십갑자가 다시 돌아왔다는 뜻이다. 예전에는 60세까지 살아남은 걸 축복으로 보고 잔치를 벌였다. 설마 이런 나이가 중위연령이 될 날이 오기야 하겠나 싶을 수도 있겠다. 하지만 지방 중소도시에선 이미 현실이다.[18] 2019년 현재 경북 의성군의 중위연령은 이미 60세를 넘었다. 경북 군위, 전남 고흥, 경남 합천, 경북 청도, 경북 청송, 전남 신안, 경북 영덕, 경남 의령, 전남 보성의 중위연령 또한 곧 60세가 된다. 이들 지역에선 40대도 청년이다. 실제로 거창군이 운영하고 있는 '청년발전 기본 조례' 속의 청년 기준은 19~45세이다. 고흥군·곡성군·구례군의 조례에 명시된 청년의 기준은 심지어 이보다 더 높다. 49세까지를 청년으로 규정했으니 말이다.[19] 이들 지역은 남아 있는 소수의 청년들도 지역을 떠나고 있는 실정이니, 중위연령은 더욱 올라갈 것이고 청년의 기준도 지속적으로 상향될 가능성이 크다.

경제적 의미에서 인구구조는 크게 두 계층으로 나누어볼 수 있다. 생산활동에 참여할 수 있는 '생산가능인구'와 '그밖의 인구' 두 계층이다. 생산가능인구working age population란 말 그대로, 생산적인 일에 종사할 가능성이 있는 인구를 말한다. 너무 어리거나 혹은 나이가 많은 이들을 뺀 15~64세 연령대 사람들이 생산가능인구다. 이들은 우리 경제의 허리를 차지한다. 하지만 이건 알아두자. 이들이 '일할 가능성'이 있다는 거지, 모두가 '일을 하고 있다'는 건 아니다. 생산가능인구 가운데 일할 의사와 능력이 있는 인구를 경제활동인구economically active population라 하는데, 여기엔 '취업자'와 '실업자' 모두가 포함된다. 포함관계로 보면 '생산가능인구⊃경제활동인구⊃취업자'로 나타나는데, 실제로 현재 일을 하고 있는 이들은 취업자들만이다.

통계청 자료에 의하면, 과거 20년간 경제활동인구 중 취업자는 96~97% 수준이다. 실질적으로 경제의 활력은 생산가능인구의 약 70%를 차지하는 '경제활동인구'에 달렸다고 봐도 무방하다. 그럼에도 불구하고 인구구조를 설명할 때는, 일반적으로는 '생산이 가능한 인구'층의 비율을 중시하는 경향이 있다. 이들이야말로, 미래 '가능성'의 상징이기 때문이다.

문제는 생산가능인구가 2017년을 정점으로 감소하기 시작했

도표 7 연령대별 인구구성비[20]

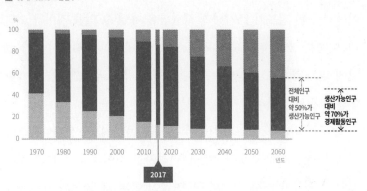

다는 점이다. 속도도 매우 빠르다. 40년이 지난 2060년에는 전체
인구 대비 50% 정도로 떨어질 거라 예측되고 있다. 그렇게 되면
'노동할 수 있는 인구'가 반, '부양을 받아야 하는 인구'가 반이 된
다. 예상되는 결과는? 시장규모의 축소다. 젊은 연령층이 줄어드
니, 이들이 선호하는 자동차와 전자제품 등의 수요는 감소한다. 게
다가 일하지 않는 고령인구가 많아져 소비도 줄어들게 된다. 지
금 추세가 이어진다면, 경제의 활력은 떨어질 수밖에 없다. 고령화
영향을 분석한 한 국내 연구는, 2000~2015년 연평균 경제성장률
3.9%에서, 2016~2025년에는 1.9%로, 2026~2035년에는 0.4%
까지 하락할 것으로 전망했다.[21] 2036년 이후의 상황은 더욱 암울
하다. 인구의 감소세가 더욱 가팔라지면서 0% 내외의 성장률을
보일 것으로 예측되기 때문이다.

둘째로, 전문가들은 고령화로 인해 연금이 빠르게 고갈될 것이

라 예측하고 있다. 연금 고갈의 원인자는 베이비부머다. 이들이 올해부터 순차적으로 노인인구가 되기 때문이다. 이들은 평균수명도 예전보다 훨씬 길다. 한 연구에서는 1970년대 초반에 태어난 이들의 절반 정도가 95세까지 생일상을 차릴 수 있을 것이라고 하니, 이제는 '호모 헌드레드homo-hundred'가 대세인 '100세시대'가 코앞에 다가온 것도 과장이 아니다.[22] 이건 처음 국민연금을 설계한 이들이 결코 생각해본 적 없던 일이다.

연금제도pension scheme의 근본 취지는 돈을 벌 수 있을 때 소득의 일부를 모아두고서 노후를 대비하자는 것이다. OECD는 안정적인 노후를 위해서는 은퇴 후 연금이 은퇴 전 소득의 60~70% 이상이 되어야 한다고 말한다. 여기에 '소득대체율'이라는 중요한 개념이 있다. 소득대체율은 '보험 가입기간의 평균소득' 대비 '연금액'이 얼마나 되는지를 나타내는 비율이다.(소득대체율은 '연금급여율'로 불리기도 한다.) 2018년 기준으로 우리나라 국민연금의 소득대체율은 45%로, 1년에 0.5%씩 낮아져 2028년에는 40%까지 내려가도록 설계돼 있다.

구체적인 예를 가지고 상상해보자. 계산을 쉽게 하기 위해 우리나라 소득대체율을 40%라 치자. 그러면 보험 가입기간 평균소득이 200만 원이던 사람은 얼마나 연금을 받을까? 80만 원이다. 하지만 이 돈은 국민연금에 40년을 가입했을 때를 기준으로 한 것이다.(그래서 '명목'소득대체율이라고 한다.)

국민연금제도가 1988년 1월부터 시작되었으니 40년 동안 연금을 납입한 사람들, 아직 우리나라엔 없다. 현재 우리나라 연금

수급자의 '실질'소득대체
율은 20% 정도에 머무
르고 있다.[23] 평균소득이
200만 원이던 사람의 경
우 40만 원 정도 연금을
받는다는 얘기다. 액수가
이 모양이니 국민연금이
'용돈연금'이라 조롱을
받는 것이다.*

'소득대체율을 올리는 방향으로 정책을 짜면 되지 않겠는가?'
라고 물을 수도 있겠다. 하지만 이게 현실적으로 가능하지가 않다.
소득대체율을 올리려면 연금 수혜자들 이후 세대(그러니까 더 젊은
세대)가 더 많은 보험료를 내야 하기 때문이다. 그런데 젊은 인구
비중은 감소중이다. 그래서 어쩔 수 없이 소득대체율은 계속 낮아
지는 방향으로 가고 있는 것이다. 우리나라에 최초로 국민연금이
도입되던 1988년 당시의 소득대체율은 70%였다. 곧이어 기금이
곧 고갈될 것이라는 논란이 일자, 1998년 1차 연금개편에서 60%
로 떨어뜨렸다. 2007년 2차 연금개편에서는 매년 0.5%씩 낮아지
게 해 2028년에는 40% 수준으로 떨어지게 된다.

연금에 대한 위기감이 높아지자, 정부도 시뮬레이션을 해보았
다. 물론 출산율 하락과 생산인구 감소 전망에 관한 최신의 인구

● 이에 대해 정부는, 국민연금이 도입된 지 얼마 안 되었기 때문에 평균 가입기간이
  짧아 실질소득대체율이 낮다고 적극 해명하고 있다.

통계자료를 넣고 계산했다. 아마 계산한 이도 화들짝 놀랐을 것이다. 우리나라 국민연금 규모는 2041년에 정점을 찍는다. 이때 적립돼 있는 액수는 무려 1778조 원이다. 그 다음해부터는 국민연금이 적자로 전환된다.(즉 가입자들이 납입하는 액수보다 수령자들이 지급받는 액수가 더 커진다.) 그 누적기금은 빠른 속도로 줄어들어 2057년에는 바닥나는 것으로 나타났다.[24] 1778조 원이라는 어마어마한 적립금을 15년 만에 다 쓸 수밖에 없는 상황이다. 베이비부머라는 거대 인구층이 모두 연금을 받게 되기 때문이다. 정부에 뭔가 복안이 있을 거라 기대하지 마시라. 아직 그런 건 없는 듯하다. 당장 뭔가 하지 않으면 우리 연금제도는 붕괴될 수밖에 없다.

셋째로, '복지비용의 증가'는 젊은이들의 부담을 높여 '세대간 갈등'을 일으킬 소지가 있다. 우리나라 중앙정부의 복지예산은 더욱 빠른 속도로 늘어날 전망이다. 2019년 정부예산은 총 469조 6000억 원이다. 예산은 그 사용처가 크게 10개의 분야*로 나뉘어 있는데, 이 중 '보건·복지·고용'이 차지하는 비중이 161조 원(약 34%)으로 가장 크다.

161조 원 중 보건복지부 예산은 72조5000억 원이다. 이 돈은 크게 '보건' 분야와 '사회복지' 분야에 쓰였다.** 보건복지부의 지출 중 고령화 관련 예산만을 콕 집어 떼어내긴 힘들다. 하지만 순

● 10개의 분야는 보건·복지·고용, 교육, 문화·체육·관광, 환경, R&D, 산업·중소기업·에너지, SOC, 농림·수산·식품, 국방, 외교·통일이다.

●● 보건 분야 지출에는 보건의료와 건강보험이, 사회복지 분야 지출에는 기초생활보장, 취약계층지원, 공적연금, 아동·보육, 노인, 사회복지일반이 포함된다.

수하게 노인에게만 쓰는 '노인복지 관련 예산'이 있다.* 2019년을 기준으로 노인복지 예산을 모두 합하면, 14조 원에 가깝다. 2019 년 노인인구가 770만 명 정도이니, 노인 1인당 180만 원의 예산을 사용하는 것이다. 이 중 기초연금이 차지하는 비율이 가장 높다. 무려 80%가 넘는다. 정부의 정책도 이 기초연금을 지속적으로 높이는 방향으로 나아가고 있으니, 노인복지 예산은 더욱 커질 것이다.(기초연금은 뒤에서 보다 자세히 다룰 것이다.) 하지만 이게 다가

● 노인보호시설지원, 노인관련기관지원, 노인돌봄서비스, 노인일자리 및 사회활동 지원, 장사시설, 고령친화산업육성, 노인장기요양보험지원, 노인요양시설확충, 노인정책관 등이 그에 해당한다. 이와는 별도로 '국민건강증진기금'에서는 치매관리체계 구축과 노인건강관리 등을 하고 있다.

아니다. '노인복지'라 불리진 않지만, 다른 부처의 여러 부문에서 노인을 위해 쓰이고 있는 돈도 꽤 되니 말이다. 또 중앙정부만 노인을 돌보는 게 아니다. 지자체도 막대한 자금을 쓰고 있다.

그럼 이 돈은 누가 대나? 어쩔 수 없이 지금의 젊은 세대가 대게 된다. 최근 통계청에서는 연령간 경제적 자원의 흐름을 측정한 '국민이전계정(2016년 기준)'을 발표했다.[25] [도표 8]은 1인당 생애주기에 따른 노동소득과 소비 추이를 보여주고 있다. 그래프는 '적자인생' 구간과 '흑자인생' 구간이 있음을, 즉 그래프의 왼쪽 구간인 '어릴 때'와 오른쪽 구간인 '나이 들었을 때'는 적자 인생을 산다고 말해준다. 이 시기는 '소비〉노동소득'이기 때문이다. 인생에서 흑자 구간은 27~59세의 딱 30년 정도라고 해도 크게 틀린 말은 아니다. 물론 개인의 소득에는 노동소득만이 아니라 자본소득이나 이전소득도 있는데, 보통은 노동소득의 비중이 크다. 따라서 기대수명이 80세를 넘은 현실을 고려해보면, 전 생애에서 50년 정도가 적자인 셈이다.

이런 적자는 다른 방식으로 메워지게 되는데, 주로 '이전'을 통해서다. 이전소득은 가정 내에서 자식을 양육하고 부모를 봉양할 때나(민간이전), 국가가 조세를 걷어 복지혜택을 제공할 때(공공이전) 발생한다. 여기서 중요한 대목은 유년층의 적자는 민간과 공공 부문 모두에서 메우지만, 고령층의 적자는 주로 공공 부문에서 메우고 있다는 점이다. 물론 공공부문의 돈은 주로 생산가능인구인 젊은 세대로부터 나온다.

앞으로 20년간 우리나라 인구의 1/3이 새롭게 고령층으로 편

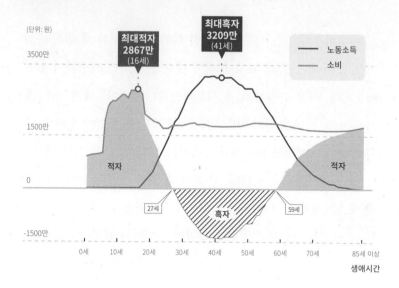

입되는 낯선 상황이 벌어질 텐데, 여기서 정부가 젊은 세대에게 짐을 더 지울 수 있을까? 그렇게 되긴 힘들 것이다. 실제로 젊은 세대의 상당수가 고령화로 인한 세금 증가를 걱정하고 있다. 한국 개발연구원KDI이 2015년 실시한 조사를 보면, 고령화로 인한 문제 중 가장 우려되는 문제로 20대의 34.4%와 30대의 34.5%가 '세금 증가'를 꼽았다.[26] 40대의 21.4%, 50대 이상의 22.2%가 우려하는 것보다 상대적으로 높은 수치다. 이미 이념과 가치관 등의 차이로 세대간 갈등이 점차 커지는 상황에서 노인복지 부담의 증가는 불에 기름을 붓는 일이 될 수 있다.

미래의 디스토피아를 직감하다

베이비부머의 은퇴로 인한 이런 위기는 한 해 한 해 현실이 되어갈 것이다. 연금과 복지 문제에 대한 근본적인 해결책이 없기 때문이다. 가장 가능성 있게 거론되는 건, 젊은이들에게 '독박'을 씌우는 거다. 이게 아니라면? 남은 가족이 이를 떠안아야 한다. 고령화 문제가 심각한 일본에서도 똑같은 불안감을 느끼는 듯하다.

얼마 전 『70세 사망법안, 가결』이란 일본 소설이 국내 서점에서 베스트셀러에 오른 적이 있다. 70세 생일을 맞은 사람들은 30일 내에 모두 안락사돼야 하는 법안이 국회에서 가결된 후 벌어지는 이야기이다. 황당하지만, 읽어보면 꽤나 생각할 거리를 제공하는 소설이다. 이야기의 중심에는 노쇠한 시어머니의 병수발을 드는 도요코가 있다. 70세 사망법안 시행을 앞두고 직장을 그만둔 후 해외여행을 떠나는 남편, 할머니 수발을 도와달라는 요청을 단박에 거절하는 딸, 명문대를 나왔지만 직장을 구하지 못해 은둔형 외톨이가 되어 방구석에만 처박혀 있는 아들을 통해, 노인 돌봄으로 피폐해져가는 도요코의 삶을 가감 없이 그려낸다. 이야기는 이렇게 시작된다.

70세 사망법안이 가결되었다. 이에 따라 이 나라 국적을 지닌 자는 누구나 70세가 되는 생일로부터 30일 이내에 반드시 죽어야 한다. 예외는 왕족뿐이다. 더불어 정부는 안락사 방법을 몇 종류 준비할 방침이다. 대상자가 그중에서 자유롭게 선택할 수 있도록 배려한다고 한다. 정부 추산에 따르면, 이 법안이 시행되면 고령화에 부수되는 국가 재정의 파탄이 일시에 해소된다고 한다. 그리고 시행 1차년도의 사망자 수는 이미 70세가 넘은 자를 포함해서 약 2200만 명, 2차년도부터 해마다 150만 전후가 될 것으로 추정된다.

　지난 10년간 이 나라의 저출산 고령화 현상은 예상을 뛰어넘는 속도로 진행되었다. 이 여파로 연금제도가 붕괴되었으며, 국민 의료보험은 바닥을 드러내기 직전이다. 나아가 장기요양보험의 인정 조건이 점차 까다로워졌음에도 재원은 충당되지 않고 있다. (…) 법안이 시행되면 연금 문제도 해결되고, 노인 요양원 역시 지금처럼 많지 않아도 충분하다. 즉 이 나라가 안고 있는 대부분의 문제가 일거에 해결되는 것이다. 그런데다 남은 재원을 병으로 고생하는 70세 미만과 어린이와 장애인에게 돌린다는 덤까지 붙는다. 지금까지 매년 발행해 왔던 적자 국채를 발행하지 않아도 된다. 의료비는 물론 대학도 무상으로 다닐 수 있다고 내다보는 경제학자도 있다. 따라서 70세 사망법안만큼 이 나라를 재기하게 해 주는 강력한 방법은 달리 없어 보인다.[27]

소설 속 '70세 사망법안'은 젊은 세대로부터 전폭적인 지지를 받는다. 주인공인 도요코에게도 오래 사는 이들은 국가재정을 축내고 젊은이들에게 고통을 강요하는 의미 없는 존재로, 또한 장수는 남은 가족의 삶을 갉아먹는 재앙으로 여겨진다.

늙어가는 사회의 디스토피아적 상황을 그리는 박형서의 소설

『당신의 노후』도 『70세 사망법안, 가결』처럼 '누군가 죽어야 또 다른 누가 산다'는 설정이다. 이야기는 대충 이러하다. 노인의 평균 수명이 길어지니, 연금을 너무 많이 받는 사람들이 생겼다. 사회가 붕괴될 위기에 처하자 정부도 극단의 방안을 강구한다. 연금 초과 수령자들을 은밀히 제거하기 시작한 것이다. 이 일은 국민연금공단은 노령연금 TF팀의 공무원에 의해 이루어지고, 우연한 사고사로 가장된다. 주인공 장길도는 '애국'이란 이름으로 그런 일을 했던 공무원 킬러 중 하나였다. 퇴직 후 아홉 살 연상인 아내가 자신 몰래 국민연금에 가입했고, 초과수령자라는 사실을 알았다. 주인공 장길도는 친분이 있었던 현직 공무원과 내통하며 아내를 구하기 위한 작전을 편다. 그 과정에서 아내를 죽이려는 젊은 공무원과 마주친다.

당신 와이프가 올해 79, 그렇지? (…) 연금이 저축해둔 돈 찾는 게 아닌 거 알잖아. 생산인구 소득을 거둬 비생산인구들에게 나눠주는 거야. 요새 청년 세 명이 노인 일곱 명을 부양하고 있어. 청년들이 100만 원씩을 벌면 너희 늙은이들한테 쪽쪽 빨려서 집에는 대략 50만 원씩 가져간단 말이야. 그 돈으로 애인 만나 찻집에 가고 결혼을 하고 애도 낳아 기르고 월세도 내야 돼. 나머지 50만 원은 당신 같은 늙은이들한테 갖다 바치고 말이야. (…) 왜 안 죽어? 응? 늙었는데 왜 안 죽어! 그렇게 오래 살면 거북이지 그게 사람이야? 요즘 툭하면 100살이야. 늙으면 죽는 게 당연한데 대체 왜들 안 죽는 거야! 온갖 잡다한 병에 걸려 골골대면서도 살아 있으니 마냥 기분 좋아? 기분 막 째져?[28]

소설 속 젊은이의 외침이 가슴 아프다. 미래가 그만큼 어두운 탓일까. 이런 황당한 이야기에도 슬며시 빠져들었다. 지금까지 냈던 연금을 계산하며 그저 '낸 만큼만 받아야겠다'는 생각이 들 정도였으니 말이다. 물론 '모두를 위해!'란 명목으로 국가가 노인을 살해하는 건 소설에서나 가능한 일이다. 하지만 분명 연금 위기는 피할 수 없는 미래다. 연금이 모자라면, 세금을 쓰는 수밖에 없다. 그런데 이 또한 만만한 대안은 아니다. '생산가능인구가 줄어' 세입이 감소하는데, '고령인구가 늘어' 세출의 증가 압력은 커질 것이기 때문이다.

2장

베이비부머의 귀향이 왜 필요한가

베이비부머는 지금의 고령자와 너무나 다르다

영화 〈국제시장〉에서 주인공인 1940년생 덕수가 말한다. "내는 그래 생각한다. 힘든 세월에 태어나가, 이 힘든 세상 풍파를 우리 자식이 아니라 우리가 겪은 기 참 다행이라꼬." 영화 속 덕수네 가족은 한국전쟁 당시 피난민이었다. 피난 도중 여동생을 잃었고, 여동생을 찾아 배에서 내린 아버지 또한 잃었다. 덕수는 어머니와 두 동생을 맡아 부산의 국제시장에서 힘겨운 삶을 살았다. 서울대에 합격한 동생의 입학 등록금을 마련하기 위해 독일 광부가 되고, 이후에는 베트남전쟁에도 나갔다. KBS 특별생방송 〈이산가족을 찾습니다〉 프로그램에서 피난 때 헤어진 여동생을 찾는 덕수의 모습 속에서 많은 이들이 이 시대의 아픔에 공감했다.

잿더미가 된 폐허 속에서 한강의 기적의 토대를 일군 '국제시장 세대'는, 자신이 겪은 가난과 시련의 대물림을 막기 위해 부단히 애를 썼다. 이들의 자녀들이 바로 베이비부머다. 전쟁 후에 태어난 이들은 영화 속 덕수의 바람처럼 윗세대와는 완전히 다른 삶을 살아왔고, 완전히 다른 성격을 띠어왔다. 여기서 말하는 윗세대란 현재 65세 이상의 고령자들인데, 그들의 눈으로 보면 베이비부머는 완전한 '신세대'다. 이들은 기존 세대에 비해 더 많은 교육을 받았고, 민주화를 경험했으며, 경제적 역량을 보유하고 있다.

기존 세대와 다른 차이, 이제 하나씩 살펴보자.

먼저, 베이비부머들은 처음으로 제대로 된 교육을 받은 세대다. 또한 치열한 입시경쟁에서 이겨야 사회적으로 성공할 수 있음을 증명한 최초의 세대다. 이들의 부모는 식민지 시대를 산 사람들이다. 해방 이전의 교육은 일제의 식민지 지배를 정당화하기 위한 수단일 뿐이었다. 그나마 그런 교육도 선택된 일부만이 받을 수 있었다. 하지만 베이비부머들은 '교육다운 교육'을 보편적으로 받은 최초의 세대이다. 이들은 콩나물시루와 같은 교실에서 공부했다. 한 반에 70~80명은 기본이었다. 이촌향도의 물결이 거셀 때 서울 변두리 학교엔 100명이 넘는 교실도 적잖았다. 교실이 모자라 이조차 수용하지 못하면 '2부제 수업'이 진행되고는 했다.

베이비부머의 맏형인 1955년생이 중학교에 입학한 1968년에는 '중학교 무시험 검정제도'에 대한 정부의 발표가 있었다. 그 이전에는 초등학교에서 중학교로 진학하려면 시험을 치러야 했다. 아마도 대다수의 사람들은 베이비부머가 경쟁 없는 널널한 환경에서 공부했다고 생각할 수도 있겠다. 하지만 1960년대의 입시는 지금 못지않게 치열했다. 인구가 많으니 나타난 당연한 현상이었다.

베이비부머들은 초등학생 5학년쯤부터 본격적인 입시준비를 했던 터라, 서울 소재 중학교 혹은 인근 명문 중학교에 진학하게 되면 부모들은 돼지를 잡고 마을에서 축하행사도 벌이기도 했다. 입시경쟁이 심화되자 정부는 1968년에 중학교 입학시험을 없애고 추첨을 통해 중학교를 배정했다.

과열된 경쟁을 막기 위한 정부의 노력은 '고교평준화'로도 이어졌다. 고교에서 입시를 폐지한 것이다. 58년 개띠해에 태어난 이들이 고등학교에 입학한 1974년에는 '고등학교 연합고사제도'가 도입되었다.(이 제도는 2017년 12월을 마지막으로 전면 폐지되었다.) 연합고사 성적은 고등학교 진학이 가능한지에 대한 최소 커트라인을 정하는 기준으로 사용되었고, 학생들은 집 근처 학교에 '뺑뺑이'로 배정되었다. 일부 학교가 공부 잘하는 아이들을 독점하는 걸 방지하기 위한 정책이었다.

당시 명문고의 위세는 지금과는 비교할 수 없을 정도로 대단했다. 한 신문사가 70년대 중반에 이름을 날렸던 일부 학교들(경기고·경복고·경남고·경북고·광주일고·대전고)의 졸업생 3500명을 조사한 바 있다.[29] 당시 전국의 대학진학률은 30%에 머물렀지만, 이 학교 졸업생들의 92%가 대학에 진학했다. 각 학교에서 매년 650~750명의 졸업생이 배출되었는데, 이 중 130~300명 정도가 서울대로, 50~200명 정도가 연세대와 고려대로 진학했다.(졸업 후 30년이 지난 상황에서 이들의 직업구성은 더욱 놀랍다. 개인사업을 하는 이들이 541명, 교수 489명, 의사 448명, 공무원 187명으로 나타났다. 변호사와 판검사의 경우도 100명에 육박한다. 이게 베이비부머들이 고등학교에 집착할 수밖에 없었던 이유다.) 한 가지 눈에 띄는 사실이 있다. 이들은 대부분 지방에서 태어났으나 고등학교를 졸업한 이후에는 절반 이상이 수도권으로 이동했다는 사실이다. 지방에 있는 고교인 경남고(부산), 경북고(대구), 광주일고(광주), 대전고(대전) 졸업생들을 분석한 결과, 서울에서 대학을 졸업한 이들의 65%는 고향으로 돌아가지 않았다.

둘째로, 베이비부머들은 자유화와 민주화를 이끌었던 주역이었다. 이들은 뜨거운 교육열 속에서 기존 세대가 받지 못한 제대로 된 교육을 받았고, 교육을 통해 지식뿐만 아니라 민주주의에 대한 기본 관념 또한 습득했다. 특히 하나의 큰 덩어리로서 동일한 정체성을 공유하며 기존 세대와 '맞짱'을 뜰 수 있는 힘도 키웠다. 이들은 통기타·롤러장·청바지뿐만 아니라 장발과 미니스커트를 통해 자유의 정신을 공유했다. 이는 억압에 대한 일종의 저항이기도 했다.* 기성세대는 이들을 이해할 수 없었다. 1973년엔 '사회윤리와 질서를 저해'한다는 이유로 '경범죄 처벌법'이 만들어졌고, 미니스커트와 장발이 퇴폐문화로 규정되었다. 남자는 머리가

● 기성세대의 권위에 저항한 건 미국·영국·일본 등의 베이비부머에게서도 나타난 공통된 현상이다. 예컨대 미국 베이비부머들 사이에선 부모 세대의 사고체계에 대항하는 히피문화와 록음악이 퍼져나갔다. 성해방과 자유를 부르짖었던 것도 기존의 도덕적 억압에 저항하는 과정이었다. 냉전 아래 베트남전쟁을 겪으면서 반전운동 또한 격하게 벌였다. 이런 세대가 지금의 미국을 이끌고 있다. 정치 쪽에서는 빌 클린턴 대통령(1946년생), 버락 오바마(1961년생), 산업계에서는 스티브 잡스(1955년생), 빌 게이츠(1955년생), 문화예술계 쪽에서는 스티븐 스필버그(1946년생), 오프라 윈프리(1954년생), 마돈나(1958년생) 등이 베이비부머의 대표적 인물이다.

귀를 덮어서는 안 되고, 여자는 무릎 위로 20cm 이상 올라간 치마를 입으면 안 됐다. 경찰은 장발을 잡기 위해 바리깡과 가위를, 짧은 치마를 단속하기 위해 자를 들고 다녔다. 하지만 해가 갈수록 더 많아지는 장발과 미니스커트를 단속할 수는 없었다. 결국 1980년, 정부는 젊은이들의 자율정신에 해가 된다는 이유로 단속을 중지했다.

1987년 민주항쟁을 이끈 대표적 집단으로 우리는 386세대*를 꼽는다. 하지만 민주화운동에는 이를 주도했던 1960년대생(80년대 학번)만이 아니라, 1950년대에 태어난 이들과 1970년대 초반에 태어난 이들도 함께 참여했다. 이 인구의 상당수는 베이비부머다.

대학 입학년도를 기준으로 본다면, 대체로 앞세대 베이비부머(1955~1964년생)는 74~83학번이고, 뒷세대 베이비부머(1965~1974년생)는 84~93학번이다. 앞세대 베이비부머가 대학을 다녔던 시기엔, 유신독재와 아홉 번의 긴급조치(1971~1979), 부마사태(1979), 10·26사건(1979), 12·12군사반란(1979), 광주민주화운동(1980) 등의 암울한 현실이 이어졌다.

뒷세대 베이비부머들이 대학에 들어가고 나서는 대학 캠퍼스내 민주화 요구는 더욱 강해져만 갔다. 학생들은 도서관에서 책을 잡는 대신 거리로 나가 돌과 화염병을 던지며 군사정권에 저항했

● 80년대 대학을 다닌 60년대생을 말하며, 1990년대 후반 들어 30대가 된 이들이 정치적으로 영향력을 갖기 시작하면서 '386세대'라는 명칭이 붙었다. 그래서 어떤 이들은 앞의 3자를 빼고 '86세대'라 부르는 게 맞는다고 얘기하고 또 다른 이들은 이들이 지금 50대니 5자를 앞에 붙여 '586세대'라 불러야 한다고 말한다. 이름이 무슨 상관이겠냐만은 이 책에서는 학계와 언론에서 가장 일반적으로 사용하는 '386세대'란 용어를 쓸 것이다.

지금까지와는 다른 NEW '고령층'

는데, 특히 민주항쟁의 고점인 1987년 6월항쟁에선 뒷세대 베이비부머의 역할이 컸다. 결국 1987년 6월 29일 독재정권은 민주화 요구에 항복했고, 대통령직선제 수용 담화를 발표했다. 뒷세대 베이비부머들은 신군부를 무너뜨린 역사의 중심에 우뚝 섰다. 거대 인구층이 만들어낸 집단의 힘은 이처럼 강했다. 지금도 이들의 마음속에는 동일 세대 내 결속을 통해 군사독재를 무너뜨리고 민주화를 이뤄냈다는 자부심이 가득하다.

셋째로, 베이비부머들은 고도의 경제발전을 경험하고, 두 차례의 경제위기에서 살아남은 세대이다. 앞세대 베이비부머의 유년기는 한국전쟁 후 절대빈곤의 시기였다. 1960년 북한의 1인당 국민소득은 137달러였지만, 우리는 94달러에 불과했다.[30] 앞세대 베이비부머들이 초등학교를 다니던 시기의 일이다.

1965년, 그러니까 우리나라가 찢어지게 가난했을 때 현대건설이 처음으로 해외 건설시장에 진출했다. 태국 파타니 나라티왓 고속도로 사업을 수주한 것이다. 2차선 98km에 공사비만 522만 달러(지금 화폐가치로 570억 원 정도)였는데, 당시만 해도 가장 큰 액수의 해외 수주였다. 현대건설은 그전까지 고속도로를 건설해본 경험이 없었다. 그런 현대가 서독·이태리·덴마크 등의 선진국 29개 업체들을 제치고 사업을 수주한 건 기적과 같은 일이었다. 우여곡절이 많았다. 비가 많은 태국의 모래와 자갈은 아스팔트 콘크리트(아스콘)를 만들기엔 너무 축축했다. 건조기도 무용지물이었다. 결국 철판에 모래와 자갈을 올려놓고 구워서 아스콘을 만들었다. 첫 사업은 적자였다. 하지만 이 경험을 통해 고속도로 공사의 노하우를 익혔고, 1968년엔 경부고속도로를 착공한다. 우리나라 경제발전 초반의 성공 경험이었다. 그렇게 베이비부머의 부모들이 산업화의 초석이 되었다.

베이비부머들은 그런 부모 세대(산업화세대)가 닦아놓은 성공 경험을 발판으로 삼았다. 1955년생이 사회에 본격적으로 진출하면서부터 우리나라의 경제발전에 가속도가 붙었다. '한강의 기적'은 이들의 손을 통해 이루어졌다. 궁핍했던 유년기를 거쳐 선진국의 반열에 오르기까지 경제발전의 최전선에서 기적을 만들어낸 것이다.

　베이비부머는 IMF 외환위기와 글로벌 금융위기 속에서도 살아남았다. 1955년생이 중년이 되던 1997년에 IMF 외환위기가 터졌다. 외환보유고가 바닥나, 나라가 부도 위기에 처한 것이다. IMF로부터 돈을 꾸고 경제주권을 넘겼다. 그들이 내건 조건은 혹독했다. 11%였던 금리가 25%로 치솟았고, 부실기업들에 대한 가혹한 구조조정이 실행되었다. 대우·쌍용·동아·고합·진로·동양·해태·신호·뉴코아·거평·새한 등의 대기업 17개가 무너졌다. 기업이 무너지자 은행도 어려워졌다. 경기은행·충청은행·대동은행·동남은행·동화은행 등의 5개 은행이 문을 닫았다.

　이때를 기점으로 평생직장의 개념은 무너졌고, 사람들은 길거리로 내몰렸다. 실업자가 140만 명에 육박했다. 당시 정리해고 1순위는 높은 임금을 받던 사람들이었다. 회사에서 직급이 높았던 산업화세대(1930년대 후반~1940년대 후반 출생)는 씨가 마를 정도로 잘려나갔다.(수적으로 보면 당시 50대가 가장 큰 타격을 입었다.[31]) 외환위기 당시 앞세대 베이비부머의 나이는 34~43세로 직장에서 중견 관리자로 자리 잡던 시기였다. 대체로 이들은 구조조정의 칼날을 아슬아슬 비켜가며 살아남았다.[32] 뒷세대 베이비부머도 마찬가지다. 이들의 나이는 24~33세로, 회사의 신규 사원급이어서 구조조정의 대상이 되지 않았다.(취업을 준비하던 일부는 몇 년간 취업이 지체되기는 했다.)

　아무튼 베이비부머의 대부분은 우리나라 사람들이 한국전쟁 이후 가장 어려웠던 시기로 꼽는 IMF 외환위기에서 살아남았다.

외환위기의 과정 속에서 산업화세대는 퇴출되었고, 베이비부머 이후 세대들은 극심한 취업난을 겪었다. 그로부터 10년 정도가 지나 또 다른 경제위기가 찾아왔다. 2008년에 발생한 글로벌 금융위기이다. 서브프라임 모기지가 부실화되면서 주택시장의 버블이 터진 것이다. 다시 한 번 찾아온 경제위기에 베이비부머들은 긴장했다. 하지만 우리 경제의 실질 성장률은 크게 떨어졌어도, 10년 전 IMF 외환위기 때처럼 실업대란은 없었다.[33]

오히려 어려워진 계층이 있다면, 아직 노동시장에 진출하지 못한 어린 세대들이다. 글로벌 금융위기 때는 20~30대 연령층의 노동시장 신규진입이 더욱 어려워지는 현상이 나타났다.[34] 회사는 신입사원을 줄이고, 하청업체를 쓰고, 비정규직을 고용했다. 이 과정에서 젊은 세대의 일자리는 질적인 측면과 양적인 측면 모두 악화되어갔다. 반면에 베이비부머는 두 차례의 경제위기 속에서 성공적으로 살아남아, 우리 사회의 가장 강력한 경제적 계층으로서의 입지를 굳혀갔다.

이처럼 베이비부머는 교육받고, 민주화를 경험했으며, 경제적으로 성공한 경험을 가졌다. 사회적으로 매우 중요한 인적자원이란 뜻이다. 그러나 이들은 지금 향후 수십 년을 어떻게 살아가야 할지에 대해 막막해하고 있다. 사회적으로도 뾰족한 대책이 없다. 한때 나라 경제를 일으켰던 베이비부머들은, 노후빈곤과 연금 및 복지재정 고갈이라는 현실 속에서 '문제아'들이 되어가고 있다.

베이비부머에 대한 차가운 시선

베이비부머는 반세기가 넘는 정치·경제·사회적 굴곡 속에서 자신만의 내공을 키워왔다. 은퇴가 진행되고 있지만, 이들은 아직 스스로를 젊다고 생각하고, 의욕적이며, 사회에 참여하고 싶은 마음 또한 간절하다.

하지만 베이비부머들에 사회가 보내는 시선이 점점 더 차가워지고 있다. 조금은 과장되게 이들에 대한 부정적 시각을 요약해보자. 베이비부머들은 호황기에 쉽게 취직해 아직까지도 자리를 차지해 물러나지 않고 있으며, 부동산에 집착해 집값을 올려놓아 젊은 세대가 집 사기 힘들게 만들었고, 앞으로 고령 부양인구가 되어 젊은 세대의 부담을 가중시킬 존재다. 심지어는 '존재 자체'가 젊은 세대들에게 민폐라는 시각도 자라나고 있다.

이철승 교수의 『불평등의 세대』는 이런 시각의 한 측면을 잘 보여준다.[35] 이 책은 베이비부머의 중간층인 386세대가 한국경제를 장악했기에, 청년세대가 일자리 부족으로 고통받고 있다고 강조한다. 이철승 교수가 지적한 386세대 독식의 주요 원인 중 하나는, '연공급제'와 강력한 '노동조합'이다. 연공급제는 직무능력과 상관없이 회사에서 근무연한이 늘수록 임금이 올라가는 제도로, 경제 호황기에 평생고용을 전제로 도입되었다. 그러나 경제가 어려워지니 평생고용의 개념도 깨져가고 있다. 하지만 회사가 아무리 어려워도 근로자를 마음대로 해고할 수 없다. 회사 내 강력한 노조가 버티고 있기 때문이다. 이런 강력한 노조를 구축한 건 386

세대다. 이철승 교수는 '386세대가 많은 기업일수록 실적이 좋지 않다'는 데이터를 보여주며, 이젠 386세대가 물러날 때가 되었다고 강조한다.

이들은 일자리만 꽉 잡고 있는 게 아니다. 경제적으로 축적한 부도 상당하다. 전체 인구에서 이들의 자산비중은 얼마나 될까? 가구주 연령별로 10세 단위로 정리된 통계청의 순자산 자료를 보자.[36] 순자산은 '자산'에서 '부채'를 뺀 금액이다. 2018년을 기준으로 30세 미만 가구의 순자산은 평균 7509만 원으로 1억이 채 되지 않는다. 30~39세는 2억3186만 원, 40~49세는 3억4426만 원, 50~59세는 3억9419만 원, 60세 이상은 3억5817만 원이다. 이런 순자산 분포를 고려한다면, 베이비부머(46~65세)는 적어도 평균 3.5억 원이 넘는 순자산을 가지고 있다고 할 수 있다. 연령별 부를 측정하는 또 다른 기준도 있다. 한국 사회에서 종합부동산세는 '부의 상징'이라 할 수 있는데, 2018년 기준으로 종합부동산세를 내는 종부세 납세자의 55% 정도가 50~69세다.

이 수치를 보고 은퇴 시점의 나이에 순자산이든 부동산이든 최고점을 찍는 게 당연하지 않냐, 그리고 젊은이들도 은퇴할 나이 즈음이 되면 이 정도의 재산을 가지고 있지 않겠냐고 반문할 수도 있겠다. 하지만 결론적으로 말하면 그렇지 않다. 지금의 젊은이들과 베이비부머의 재산증식 속도는 달라도 너무 다르다. 베이비부머들은 고성장 속에서 기회를 잡았지만, 지금은 저성장 추세가 자리를 잡았기 때문이다.

그러니 젊은 세대는 말할 것이다. 이렇게 축복받은(?) 기득권층

세대가 이제 고령자가 되면서, 가뜩이나 힘들게 살고 있는 젊은이들의 부양을 받아야 한다고? 이게 정당할까? 또 가능하긴 할까?

앞서 우리는 국민이전계정 자료를 통해 이미 많은 자원이 생산가능인구로부터 유소년인구와 노인인구로 흘러들어간다는 걸 확인했다. 좀 더 구체적으로 살펴보자. 2016년 현재, 유소년기의 순유입은 130.6조 원(=공공이전 58조 원, 민간이전 74.3조 원, 자산재배분 -1.7조 원)으로 나타나고 있다. 노년기의 순유입은 92.4조원(=공공이전 54.8조 원, 민간이전 19.6조 원, 자산재배분 -18조 원)이다.* 유소년기와 노년기에 적자를 메우는 방식은 좀 차이가 있다. 유소년기는 민간이전이 공공이전보다 크다. 교육부에서 집계한 2018년 사교육비 총액만 해도 20조 원에 육박하

● 공공이전: 일반적으로 한 집단에서 조세를 걷어 다른 집단에 공중보건·공교육 보조나 가족수당, 육아보조, 조세혜택 등의 형태로 지급된다.
민간이전: 가족 내에서 자녀 양육이나 부모 부양 등에 드는 비용, 또는 가구 간에 개인적 보조나 자선 기부 등의 형태로 이뤄진다.
자산재배분: 자본·재산·신용으로 구성된 자산을 통해 집단 간에 자원배분이 이뤄지는 것으로, 공공시설·토지·자원 등의 사용료(공적 자산재배분)나 이자·배당·임대료(민간 자산재배분) 형태를 띤다.

고 있지 않은가. 반면에 노년기에는 민간이전보다 공공이전이 매우 크게 나타나고 있다. 이는 노년기의 적자를 메우는 방법이 주로 세금을 통한 복지라는 뜻이다.

반면에 생산가능인구에서는 순유출이 일어난다. 이들이 번 소득이 유소년 및 노인 인구로 흘러들어가기 때문이다. 순유출 규모는 112.7조 원(=공공이전 -112.7조 원, 민간이전 -99.1조 원, 자산재배분 99.1조 원)이다. 복잡하게 나열된 숫자를 정리하면 다음과 같다.

- 유소년인구: 적자분 130.6조 원의 대부분을 누군가가 대주고 있다.(이들의 소비는 130.6조 원, 노동소득은 0)
- 생산가능인구: 흑자분 112.7조 원을 누군가에게 대주고 있다.(이들의 소비는 707.7조 원, 노동소득은 820.4조 원)
- 노인인구: 적자분 92.4조 원의 상당 부분을 누군가가 대주고 있다.(이들의 소비는 114.1조 원, 노동소득은 21.7조 원)

문제는, 앞으로 생산가능인구의 흑자분이 빠르게 줄고, 노인인구의 적자분이 빠르게 늘어날 것이란 점이다. 노인인구가 일을 하지 않으면 생산가능인구가 더 많은 세금으로 노인인구의 적자분을 메워야 하는 상황이다.

지금도 팍팍한 삶에 지쳐 있는 젊은 세대가 앞으로 더 많은 세금을 내야 한다고? 그것도 자신들보다 훨씬 자산이 많은 사람들을 위해? 이게 사실이라면 이들은 태어난 게 죄라며 푸념할 것이다. '이태백(20세 태반이 백수)' 'N포 세대' '헬조선 세대' '흙수저' '이생망(이번 생은 망했다)' 등의 신조어엔 젊은 세대의 상대적 박탈감이 녹아 있다. 이들에게 늘어나는 고령층에 대한 부양의 의무를 더 지우기 힘든 이유이다.

그러니 이제 어찌해야 하겠는가?

나라의 미래가 베이비부머에 달렸다

이런 문제를 해결할 열쇠가 바로 베이비부머에게 쥐어져 있다.
이들이 앞으로도 활발하게 일하고, 적극적으로 소비하며, 경제에
활력을 불어넣는 역할을 해야 한다! 나라의 곳간엔 이들의 여생을
돌봐줄 만한 충분한 돈이 없고, 젊은 세대는 자기 앞가림하기도
벅차다. 사실 다른 대안은 없다. 이들이 경제활동을 해야 정부도
재정압박을 줄일 수 있고, 연금문제도 해결될 수 있다. 그렇지 않
으면 젊은 세대도 힘들어지고, 장기적으로 우리 사회는 지속가능
하지 않다. 젊은이들도 취업난에 허덕이는데 노인들도 일하라고?
'젊은이들을 위해 386세대도 물러나야 한다'는 주장도 등장한 판
에 무슨 뚱딴지 같은 소리냐고 할 수도 있겠다. 게다가 베이비부
머들은 자산도 많다고 하지 않았나.

베이비부머가 자산이 많은 부자계층에 속해 있는 건 사실이다.
하지만 분명히 해야 할 게 있다. 이들이 다른 세대에 비해 자산이
많은 것이지, 갖고 있는 자산으로 여생을 버틸 수 있는 수준은 아
니다. 여생이 너무 많이 남아 있기 때문이다. 베이비부머가 가지고
있는 순자산은 평균적으로 약 3.5억 원 정도다. 50대 중반에 은퇴
한다면 이 돈으로 남은 삶을 버티기 힘들다. 부부 기준 적정생활

비는 매월 243만 원이니, 단순 계산으로도 10년이면 약 3억 원의 생활비가 든다. 50대 중반에 은퇴한다면 30년간 약 9억 원이 필요한 것이다. 최소생활비 176만 원으로 잡아도 약 6억 원이 필요하다. 어떤 경우든 이들이 받는 연금만으론 충당하기가 역부족이다. 설상가상으로 베이비부머가 한꺼번에 고령자로 편입되니 연금 고갈에 대한 불안감도 커지고 있다.

고령층이 계속 일하지 않으면 우리나라는 지속가능하지 않다. 일본을 보자. 고령화를 우리보다 먼저 겪은 만큼, 연금 고갈에 대한 문제의식을 먼저 느꼈다. 2019년 6월 일본 금융청에서는 「고령사회 자산형성 및 관리」 보고서를 발간했다. 이 보고서에 나타난 일본의 무직자 고령부부 생활비 지출은 매월 260만 원(26만 엔) 정도다. 하지만 연금을 포함한 평균 수입은 210만 원(21만 엔)이다. 월 50만 원씩 적자다. 30년으로 계산하자면, 2억 원(2000만 엔) 정도가 추가로 필요한 상황이다. 사회 곳곳에서 연금 고갈 위험을 경고하고 있으니, 일본 정부도 연금 수급시기를 65세에서 10년이 늦춰진 75세로 연기하는 방안을 추진하고 있다.

연금 수급시기만 늦춘다고 사태가 해결되는 건 아니다. 일본에선 고령자들이 일을 해야 한다는 공감대가 이뤄진 지 오래다. 1970년대 말까지 일본의 정년은 원래 55세였다. 1980년대 들어 고령화가 심각해지자 1986년에 '60세 정년'을 다시 권고했다. 그러나 권고는 권고일 뿐, 아무런 효력이 없었다. 그래서 1998년에는 정년 60세를 '의무화'했다. 당시 정한 일본의 법적 정년 60세는 아직 바뀌지 않았다. 하지만 2013년부터는 기업에 세 가지 옵션

이 주어졌다. 가장 강한 것부터 나열하면, '정년을 폐지하든지' '65세까지 정년을 연장하든지' 아니면 '65세까지 계약직으로 재고용을 하든지'이다. 사실상 정년이 65세로 늘어난 셈이다. 지금은 정년을 70세로 늘리는 것을 검토중에 있다.

고령화 속도가 세계 최고인 우리도 조만간 두 가지 큰 변화가 예상된다. 하나는 '노인 기준을 상향'하는 것, 또 하나는 '정년을 연장'하는 것이다. '이게 정말 바뀔 수 있는가?'라고 질문하지 마시라. 작금의 상황을 고려컨대 '언제 바뀔 것인가'라는 질문이 더 적절해 보인다. 다시 한 번 강조하지만, 노인 기준 상향 조정과 정년 연장을 통해 고령자가 일하는 사회를 구축하지 않으면 우리 사회는 지속가능하지 않기 때문이다.

먼저, 노인 기준 상향 조정에 대해 살펴보자. 이에 대해 정부의 입장은 유보적이다. 2019년 말, 정부는 노인 기준 조정을 장기적인 과제로 미루겠다고 발표했다. 대신 노인복지 정책별로 다른 나이 기준을 적용한다는 방침이다.(현재는 노인복지 정책별로 60세 혹은 65세가 기준으로 적용되고 있다.) 하지만 노인 기준에 대한 논의는 점점 더 커질 가능성이 높다. 대부분 65세를 기준으로 운용되고 있는 각종 복지정책들의 실효성이 의문시되고 있기 때문이다. 게다가 사람들의 생각도 점차로 바뀌고 있다. 한국노인인력개발원은 20~69세 근로자 3500명에게 '몇 살부터 노인이라고 생각하십니까?'라고 물었다.[37] 응답자들은 평균 68.9세 이상을 노인으로 볼 수 있다고 답했다. 노인이라고 생각하는 나이에 연령별로 차이도 있었다. 20대는 67.7세부터 노인으로 볼 수 있다고 응답했고,

30~40대는 68.6세, 50대는 69.7세, 60대는 70.2세로 답했다. 흥미로운 사실은 60대조차도 스스로를 노인으로 생각하지 않고 있다는 점이다.

우리 사회가 노인 기준을 65세로 정한 시기는 1981년이다. 당시 '노인복지법'을 제정하면서 전세계적으로 널리 사용되고 있던 기준을 가져왔다.(전세계적으로도 65세가 노인 기준으로 가장 많이 사용되고 있는데, 이는 1889년 독일의 연금 수급 개시 연령에서 비롯된 것으로 알려져 있다.) 1950년만 해도 유럽의 평균 기대수명은 65세 정도였다.[38] 70년이 지난 오늘날, 선진국 대부분의 기대수명이 80세를 넘었다. 우리도 마찬가지다. 1970년에 65세였던 사람들의 기대여명은 12.9년이었다. 평균 77.9세까지 살 수 있었다는 얘기다. 2018년에 65세의 기대여명은 20.8년으로, 85.8세까지는 살 수 있다. 불과 20년도 채 안 돼 노인으로 살아가는 기간이 무려 8년 정도 길어진 것이다. 그러니 노인 기준을 10년 정도 뒤로 미루어도 이상할 건 없다.

65세부터 다양한 복지혜택들이 제공되는 상황에서 노인 기준이 뒤로 밀리면 국가적으로 큰돈을 절약할 수 있다. 현재 65세 이상은 지하철도 무료로 이용하고, 고속철도도 30% 할인받는다. 국내선 항공요금은 10% 할인받을 수 있다. 고궁이나 박물관은 무료로 입장할 수 있고, 틀니나 임플란트 의료비도 크게 할인받는다. 외래 의료비 본인부담금 정액제(진료비에 따라 노인들의 본인부담금을 경감해주는 제도)를 통해 진료비도 경감받는다. 노인장기요양보험 혜택도 받는다. 이뿐이 아니다. 상속세 공제, 소득세 공제, 경로 우대 공제, 통신비 할인, 주택신청자격 등 다방면의 혜택이 주어진다.

아직까지 정부는 노인 기준의 조정과 복지혜택 기준의 조정은 별개라고 말한다. 노인 기준은 그대로 두면서 복지혜택 기준을 상향하겠다는 것이다. 하지만 이 둘은 별개가 아니다. 복지혜택 수급 시기를 조정할 때, 노인 기준 조정도 적극적으로 검토해야 한다.

노인 기준 조정으로 가장 큰 예산 절감 효과를 얻는 부문은 기초연금이다. 2015년에 수행된 아산정책연구원의 연구에 의하면, 노인 기준 연령을 70세로 올리면 기초연금 예산이 크게 절감됐다.[39] 특히 시간이 갈수록 절감액은 커지는데, 2015년 기준으로 3조2200억, 2020년에는 4조6500억, 2030년에는 9조4700억, 2040년에는 12조6700억, 2050년에는 15조600억의 예산절감 효과가 있었다.

물론 여기엔 누구나 아는 큰 문제가 하나 있다. 이런 조치가 노인 빈곤을 심화시킬 수 있다는 점이다. 70세 이상으로 기준을 바꾸면 65~69세 인구가 기초연금을 못 받게 되는데, 이에 따른 부작용이 상당하다. 65~69세 인구의 절대빈곤율이 8.3%포인트(21.8%→30.1%) 올라가고, 상대빈곤율도 4.9%포인트(33.1%→38.0%) 높아지기 때문이다.[40] 그러니까 노인 기준만 올려서는 안 된다! 노인 기준 변경에 대한 논의는 반드시 노인 일자리 정책에 대한 논의와 맞물려야 한다.

사회적으로도 노동 가능한 나이의 상한선이 점점 올라가고 있다. 2016년까지만 해도 60세 정년은 '권고조항'이었다. 하지만 법개정을 통해 정년을 60세로 '의무화'했다.[41] 이 규정의 가장 큰 수혜자는 공공부문 종사자들이었다. 공공부문에선 이를 철석같이 지키기 때문이다. 하지만 민간부문은 다르다. 최근에도 근로자들이 체감하는 은퇴연령은 50대 중반이다. 기업의 경우 마음만 먹으면 구조조정을 할 수 있으니 법에 명시된 정년이 무용지물이다.

그래서 최근 정부는 또 다른 대안을 내놓는다. 2022년까지 '계속고용제도'를 도입하겠다는 것이다. 계속고용제도는 2013년 일본이 기업에게 부과한 세 가지 옵션(정년 폐지, 정년 연장, 계약직 재고용)과 유사하다. 이 제도가 도입되면 기업은 근로자를 60세 이후에도 계속 고용해야 한다. 정부는 60세 이상을 고용하는 기업에 '지원금'과 '장려금'을 지급할 것이라 했다. 이런 조치들을 통해 정부가 단기적으로 노리는 목표는 65세까지 사람들을 일하게 하는 것이다. 60세 정년과 국민연금 및 기초연금 수급 연령 사이의 공백기간을 없애서, '일을 그만두는 시기'와 '연금을 받는 시기'를 일치시키려 하는 것이다.*

장기적으로는 '국민연금' 수급시기 조정 또한 불가피해질 것이다. 물론 국민연금 받는 시점이 늦춰진다는 건 사회적 저항과 파장을 부를 것이다. 현재도 연금을 목 빼고 기다리고 있는 사람들이 많으니 말이다. 하지만 고령자들이 일하는 분위기가 성숙되면, 국민연금 수급시기가 조정될 여지도 생긴다. 실제로 국민연금 제

● 국민연금은 출생년도에 따라 연금을 받기 시작하는 연령이 다르다. 1953~1956년생은 61세, 1957~1960년생은 62세, 1961~1964년생은 63세, 1965~1968년생은 64세, 1969년생 이후는 65세부터 지급받는다.

도개선안을 마련할 때 연금 지급 시점을 67세로까지 늦추는 방안이 고려되기도 했다. 이제까지 설명한 흐름을 정리하면 다음과 같다.

- 노인 기준 상향: 노인 기준을 상향(65세→70세)하면, 연금 및 복지재정을 줄일 수 있다. 하지만 노인빈곤 문제가 생긴다.
- 노인 일자리 정책: 양질의 노인 일자리를 늘려서 스스로 삶을 꾸려갈 수 있도록 해야 한다.
- 국민연금 수급시기 조정: 위의 두 가지가 성공적으로 추진되면 국민연금 수급시기를 조정할 수 있는 분위기가 조성될 것이다.

지금부터 20년간 우리나라 인구의 3할을 차지하고 있는 베이비부머가 65세 이상 인구로 편입되는 상황에서, 우리에겐 향후 20년이 고비다. 이 20년(2020~2039년)간의 충격에 제대로 대응해야 한다. 이 기간에 65세 이상 인구는 813만→1722만 명으로 두 배 이상 늘어난다. 무려 112%의 증가율이다.[42] 반면에 생산가능인구는 3736만→2865만 명으로 23% 정도 감소한다. 2040년 이후에는 65세 이상 인구가 1700~1800만 명 수준으로 안정적으로 유지되니, 앞으로 20년간의 충격만 잘 대응한다면 고비를 넘길 수 있다. 그 핵심은 향후 베이비부머에 대한 일자리 정책에 있다. 그것이 우리의 미래를 결정할 것이다. 노인 연령 기준을 높이고, 이들이 일할 수 있는 환경을 만들고, 연금 수급시기를 늦춰야 한다. 앞으로는 고령사회가 오히려 '표준'이다. 고령사회에 맞게 사회제도가 바뀌어야, 우리 사회도 지속가능할 수 있다.

일자리 분화, 그리고 베이비부머의 귀향

그런데 베이비부머들의 일자리를 확대하는 정책이 가능하기는 한 걸까? 혹자는 베이비부머의 시대는 이미 지났다며 이렇게 주장할 것이다. '이제는 시대가 바뀌었다. 베이비부머가 받은 구세대 교육은 첨단기술과는 거리가 멀다. 구세대 문화에 젖어 있는 만큼 꼰대 성향도 강하다. 이제는 돌과 화염병의 시대가 아니라 인공지능과 로봇의 시대이다. 그들은 4차 산업혁명 시대와는 맞지 않는다' 등등.

청년세대의 반발도 상당할 것이다. 청년실업이 심각한데, 청년의 일자리를 더 뺏는 일이라는 볼멘소리도 들린다. 청년들은 베이비부머들이 자리를 비워줘야 자신들이 들어갈 자리가 생긴다고 생각할 테니, 이런 불만도 이해할 수 있다. 그러나 저출산으로 생산가능인구가 줄어들고, 60세 이후 삶이 길어진 현실에서 정년이 늘어나는 건 사실상 불가피하다. 또한 고령층도 일자리가 필요하기는 마찬가지며, 그들이 그저 복지의 수혜 계층으로만 남는다면 힘들어지는 건 젊은 세대다. 그들이 생산적 경제활동을 해야 국가 경제가 건전해질 수 있다.

그럼 앞으로 베이비부머가 계속 일도 하고, 청년세대들과 상생도 하게 하는 방법이 있을까? 있다! '세대간 직업분업'이 그런 방법이 될 수 있다. 고령자의 직업과 청년의 직업에 서로 충돌이 없도록 일자리 정책을 설계해야 한다는 뜻이다. 중고령자의 일자리와 청년들의 일자리는 대체관계가 아닌 보완관계가 되어야 한다.

청년들의 일자리가 늘어나고, 이에 따라 중고령자의 일자리가 늘어나는 쪽으로 말이다.

하지만 이게 쉽지는 않을 것이다. 베이비부머들에게 정년 연장의 기회가 주어진다면, 이들은 하던 일을 계속하길 원할 것이기 때문이다. 베이비부머의 '귀향'이라는 프로젝트가 필요한 이유가 이것이다. 은퇴한 베이비부머가 도시를 떠나, 지방 중소도시나 농촌에서 살며 젊은이들과 충돌되지 않는 일을 하면 된다. 일종의 세대간 공간 분리 전략이다. 뒤에서 더 살펴보겠지만, 베이비부머에게는 지방 중소도시가 대도시보다 여생을 보내기에 더 유리한 터전이 될 수 있다.

지방에 뭔 일자리가 있겠냐고 의아해할 수도 있겠다. 늙은 사람은 지방에 내려가 농사나 짓고 살라는 거냐며 힐난할 수도 있다. 그러나 이는 지나치게 단순한 생각이다. 앞으로 지방에서 할 수 있는 일이 다양하게 늘어날 수 있기 때문이다. 예컨대 실버산업이 그렇다.

앞으로 실버산업이 늘어날 것은 두말할 여지가 없다. 수요층이 폭증하기 때문이다. 고령자가 많아지고 소비력이 커지니 이들을 대상으로 한 산업이 커질 수밖에 없다. 세계에서 가장 고령자 비율(2019년 현재 28.4%)이 높은 일본의 경우를 보자. 일본에서는 IT기술을 중심으로 한 노인 보조기구 산업이 빠르게 성장하고 있다. 예컨대 파나소닉은 근육에 전기 자극을 주어 근육을 강화하는 장비(무릎 트레이너)를 개발했다. 노인들의 상태를 체크할 수 있는 기술도 널리 보급중이다. 코끼리 밥솥으로 유명했던 조지루시Zojirushi사가 개발한 아이폿I-Pot은 전기포트이지만 무선통신기가 내장되어 있어, 물을 끓이는 즉시 가족들에게 이메일이 전송된다. 전기포트를 통해 가족들이 노부모의 안부를 살필 수 있게 한 것이다. 철도회사인 JR동일본은 GPS와 스마트폰을 활용해 노인이 개찰구를 지나면 가족에게 알리는 서비스를 개시했다. 일본 세콤은 노인이 갑자기 쓰러졌을 때, 긴급출동하게 하는 손목밴드 제품을 내놓았다. NTT도코모의 '안심원격 서포트'는 유료지만 가입자가 2000만 명을 넘었다. 이 서비스는 가입자에게 문제가 발생했을 때 상담사에게 연락해 핸드폰으로 원격지원을 받을 수 있게 하는 서비스다.

이런 상품과 서비스의 기획과 개발에 관련된 일은 도시에서 젊은 세대가 하겠지만, 그에 대한 수요는 농촌 및 지방 중소도시에서 많이 있을 것이다. 거동이 불편하고 지속적인 모니터링이 필요한 노인들이 그런 지역에 많이 살기 때문이다. 그들에게 필요한 상품을 판매하고 사용법을 알려주며 관리해주는 일자리도 생길 텐데, 이는 '상대적으로 젊고 건강한' 고령층에 알맞은 일이다. 특히 앞세대 베이비부머들만 해도, 그 이전 세대(1954년생 이상)에 비해 학력 수준(고졸 이상 72.4% VS 24.2%)과 컴퓨터 사용 능력(74.7% VS 12.8%)이 월등하기 때문에 IT기술을 기반으로 한 스마트 실버 서비스를 보급하는 일을 할 수 있다. 이러한 전망을 고려하건대, 앞으로 지방 중소도시나 농촌에서 고령자를 대상으로 하는 산업뿐만 아니라 이들이 참여할 수 있는 일자리도 크게 늘어날 것이다.

또한 우리는 고령층이 원하는 일자리의 성격을 살펴볼 필요가 있다. 이미 인생의 후반기에 들어선 이들은 청년들과는 직업 선택의 기준이 다르다. 인생을 새로 설계해갈 청년이라면 직업의 비전 및 안정성과 연봉에 우선순위를 두겠지만, 나이 든 이들은 노동강도를 더 중시한다. 2017년 조사를 보면 고령층(55~79세) 근로희망자의 일자리 선택 기준은 '일의 양과 시간대(27.6%)'가 가장 높았고, 그 다음은 '임금수준(24.2%)'이었다. 이들이야말로 진정 '워라밸'을 추구하는 세대인 것이다. 일하는 동기에서도 가장 큰 건 역시 생활비(59%)였지만, '일하는 즐거움'(33.9%)도 중요했다.[43]

베이비부머들은 일을 통해 소득만큼이나 사회 참여의 욕구를 채우고 싶어 한다. 그래서 임금은 높지 않아도, 지역사회에 공헌할 수 있는 일자리를 선호하는 측면이 있다. 앞으로 지병 치료를 위한 요양업, 고령자를 위한 교통 및 운송업, 평생교육업, 고령 친화 주택이나 시설 관련업 등도 성장할 텐데, 이런 일자리가 건강한 베이비부머들에겐 구미에 맞을 수 있다. 그리고 이 역시 대도시보다도 지방 중소도시에서 더 요구되는 일들이다.

도시를 청년에게 맡기고 떠나자

여기서 잠시 생각해보자. 젊은층에게 적합한 직업과 중장년층에게 적합한 직종이 따로 있을까? 이에 대해서는 서울대 김태유 교수의 주장에 귀를 기울일 필요가 있겠다. 김태유 교수는 『은퇴가 없는 나라』를 통해 젊을 때는 IT나 디자인 분야에서 일하고 나이 들면 서비스 및 행정 분야의 일을 하는 식으로 '인생 이모작'을 구상하는 게 사회적으로 바람직하다고 주장한다.[44] 젊은이들은 새로운 환경에 적응도 잘하고, 새로운 지식도 거부감 없이 잘 흡수한다. 창의적인 문제해결 능력도 있다. 정보의 처리 속도도 빠르고 정확도도 높다. 이게 심리학자인 존 혼John Horn과 레이몬드 카텔Raymond Cattell이 얘기한 유동지능fluid intelligence의 특성이다.[45] 그러니 청년은 기초과학·첨단기술·산업디자인 등 보다 유동지능이 요구되는 쪽에서 일하는 게 더 효율적이고 유리하다.

반면에, 나이가 들어감에 따라 경험과 연륜이 증가한다. 인생의 단맛, 신맛, 쓴맛, 짠맛을 모두 경험한 50~75세에는 결정지능crystallized intelligence이 발달한다. 복잡한 사회적 환경에서 요구되는 인지적 기능을 결정지능이라 하는데, 이건 선천적으로 타고나는 게 아니다. 결정지능은 긴 시간과 축적된 경험을 필요로 한다. 결정지능이 높은 사람들에게 적합한 직업은 공무원·법관·의사 등의 관리·행정·일반서비스업 등이다. 그러니 50세 이후엔 서비스·관리·행정·사무 계통에서 일하는 게 사회적으로 바람직하다. 이들이 놀면, '사회적 자원'도 낭비되는 셈이다.

요지는, 나이에 따라 잘할 수 있는 일이 변한다는 것이다. 빠릿빠릿한 젊은 시절에 맞는 일이 있고, 산전수전 겪고 어느 정도 경험이 축적된 나이에 맞는 일이 있다. 예를 들어 판사나 검사는 어느 정도 연륜이 있는 사람들이 더 잘할 가능성이 높다. 사건의 종류도 다양하지만 각 사건엔 오만 가지 사연이 있을진대, 젊은 판

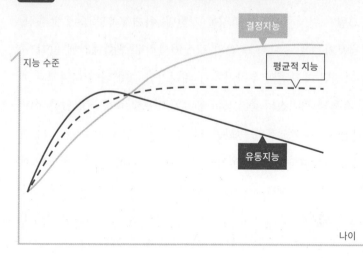

도표 9 나이에 따른 유동지능과 결정지능의 변화[46]

사보다는 연륜 있는 판사가 보다 넓은 시각을 가지고 판결을 내릴 여지가 크지 않겠는가. 사람을 대하는 일들이나 갈등을 조정해야 하는 일들도 인생경험을 통해 폭넓은 시각과 판단력을 지닌 이후에 더 잘할 수 있을 것이다.

물론 나이만으로 사람들의 역량을 평가하고 직업군을 나눌 수는 없다. 나이를 헛먹은 사람도 있을 테니 말이다. 다만 교육으로 배울 수 없는 경험의 가치라는 게 있다는 데는 다들 동의할 수 있을 것이다. 그러니 젊은이들에게 맞는 산업에 젊은이들이 많이 고용될 수 있도록 하고, 중장년층에 적합한 산업에 더 많은 중장년층이 일할 수 있도록 유도하자는 말이다.

이런 일자리의 분화는 오늘날 일어나는 산업구조의 변화에 대응하고자 하는 것이기도 하다. [도표 10]에서 X축을 먼저 보자. 상품의 생산에는 연구개발→상품기획→브랜딩→제조→유통→ 마케팅→판매서비스의 과정을 거친다. 이제 Y축도 함께 보자. 산업전문가들은 정보화 중심의 탈산업사회로 변화해감에 따라 중간 과정인 제조업의 부가가치가 내려가고, 아이디어 디자인과 기획, 유통과 서비스의 중요성이 높아질 것으로 예상하고 있다. 이런 C곡선→B곡선으로의 변화는 지금도 계속 진행중에 있다. [도표 10]에서 산업화 사회는 울음곡선crying curve으로, 지식기반 경제에서는 미소곡선smile curve로 나타난다. '우는 입 모양'에서 '웃는 입 모양'으로 변한다는 전망은, 기업활동 가치사슬value chain의 전부분에서 부가가치가 크게 증가할 것이란 예측과 관련된다.

앞으로 4차 산업혁명 시대에는 ICBM(사물인터넷IoT, 클라우드 컴퓨팅Cloud Computing, 빅데이터Big Data, 모바일Mobile)과 인공지능 기술이 가치사슬의 모든 영역에서 부가가치를 높일 것이다.(B곡선→A곡선) 그러나 가치사슬의 앞부분과 뒷부분 간에는 확연한 차이가 있다. 딱 잘라 말하기는 힘들지만, 앞부분(연구개발·상품기획·브랜딩)은 '가치창출'의 영역이다. 좀 더 혁신적 성격이 강하고 리스크가 큰 성향이 있다. 그리고 보다 큰 창의성이 필요하다. 반면에 뒷부분(유통·마케팅·판매서비스)은 '가치이전'의 영역으로 상품을 그럴싸하게 포장해서 홍보하고 판매하는 산업들이다. 앞부분에 비해 소비자들과의 접촉할 일이 많으며, 보다 많은 경험을 필요로 한다.

독자들도 눈치를 챘겠지만, 가치사슬value chain의 앞부분은 유동지능이 높은 산업들이고, 가치사슬의 뒷부분은 결정지능이 필요

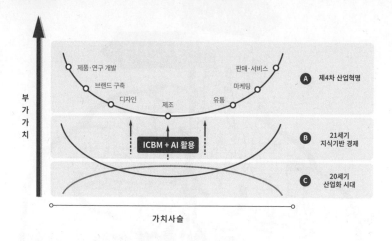

도표 10 울음곡선에서 미소곡선으로의 변화[47]

부가가치 / 가치사슬

- 제품·연구 개발
- 브랜드 구축
- 디자인
- 제조
- 유통
- 판매·서비스
- 마케팅

ICBM + AI 활용

A 제4차 산업혁명

B 21세기 지식기반 경제

C 20세기 산업화 시대

한 산업들이다. 중장년층이 은퇴 나이를 넘어 계속 일을 하게 된다면, 가치사슬의 앞부분이겠는가, 아니면 뒷부분이겠는가. 경험과 연륜이 축적된 이들에게는, 기초과학·첨단기술·산업디자인 등의 직종보다는 관리·행정·사무 계통 분야가 더욱 적합하다. 중요한 건, 미소곡선에서 가치사슬의 앞부분과 관련된 산업은 대도시권이나 도심의 교통결절점에 입지하려는 경향이 강하다는 점이다. 정보의 유통이 빠르고, 혁신이 필요한 부문이기 때문이다. 우리나라에서도 수도권과 지방 대도시권에서는 가치사슬의 앞부분 산업이 커지고 있다. 따라서 앞으로도 유동지능이 뛰어난 청년들이 대도시를 터전으로 혁신산업을 이끌어가도록 할 필요가 있다. 반면에 가치사슬의 뒷부분은 도심과 비도심, 대도시와 중소도시에 상관없이 골고루 배치될 가능성이 높다. 현재 상대적으로 고령자가 많이 분포되어 있는 소규모 지방도시에도, 입지적 제약에서

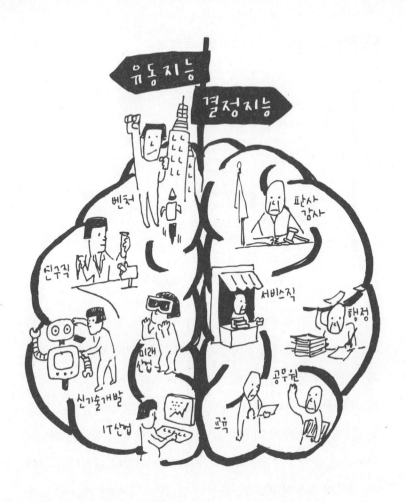

상대적으로 자유로운 성향이 있는 유통 및 서비스업이 골고루 퍼
져나갈 수 있는 것이다.

　베이비부머와 청년층이 상생하기 위해선 '세대간 일자리 분업'
도 중요하지만, '일자리의 공간적 분업' 또한 중요하다. 그리고 거
기에 베이비부머의 귀향은 유효한 방법이 될 수 있다. 지방도시들
은 결정지식이 풍부한 인구를 활용해 유통·판매뿐만 아니라 문

화·행정 등의 서비스업에서 일자리 만들기에 집중해야 한다. 혹자는 이런 '세대간 분화'가 편가르기가 아니냐고 반문할 수 있겠다. 그렇지 않다. 세대간 분화는 '분업' 전략이자, 두 세대가 궁극적으로 '융합'할 수 있게 하는 상생의 전략이다. 귀향은 '직업의 세대간 분화'를 공간에도 적용함으로써 일자리를 둘러싼 세대간 갈등을 최소화할 수 있다는 장점이 있다.

3장

베이비부머의 귀향이 모두를 살린다

대도시와 청년들에게 새로운 기회를

　전통적 제조업은 만들고 조립하는 과정에서 부가가치를 생산해왔다. 이를 위해 큰 땅이 필요했고, 대규모 산업단지들이 도시 외곽에 지어졌다. 산업단지의 대부분은 논밭을 매입한 싼 땅에다 만들어졌다. 하지만 이제는 시대가 바뀌었다. 4차 산업혁명 시대의 대세는 ICT기술과 스마트 공장이다. 이런 산업들에 적합한 공간은 어디일까? 모두가 아는 답이다. 바로 '도시'다! 그럼 이런 산업들에 적합한 사람들은 누구일까? '아이디어로 무장한 젊은 인재'다! 도시는 젊은 혁신인재들을 원한다. 과거 산업단지가 도시 외곽에 건설된 것과는 사뭇 양상을 달리한다.

　'기술형 제조 창업기업'의 공간적 분포에 대한 최근 연구를 보자.[48] 이 연구에서는 설립 5년이 채 안 된 사업체 중 '총자산 대비

무형자산'과 '매출액 대비 연구개발비'의 비중이 높은 업체들의 입지를 살폈다. 쉽게 말해 혁신기업들이 최근 어느 지역에서 터를 잡았는지를 살펴본 것이다. 분석 결과, 65% 정도에 해당하는 기업 (전국 2905개 기업 중 1863개 기업)이 수도권에서 창업한 것으로 나타났다. 그럼 지방에는? 주로 정부지원 프로그램이 집중된 산업단지나 메이커 스페이스Maker space(창의적인 시제품을 직접 제작하는 데 필요한 장비와 교육을 지원하는 공간) 등에 몰려 있었고, 예상대로 대부분이 부산·울산권, 광주권, 대구권, 대전권 등의 대도시권에 입지했다. 혁신성이 높은 기업들은 인구와 산업이 빽빽하게 모여 있는 곳을 선택했다. 또한 비슷한 종류의 업체들이 모여 있는 집적지를 선호했다. 그 이유는 창업의 초기 단계에선 '접촉'과 '협력'을 통한 학습과 모방이 필요한데, 빽빽한 도심이라야 이런 기회들이 생기기 때문이다.

해외에서도 도시의 중요성이 다시 부각되고 있다. 산업구조의 변화에 맞추어 일본과 미국도 '도시살리기'에 눈을 돌렸다. 일본과 미국에서 진행되고 있는 산업 중심의 도시재생사업은 모두 대도시 일색이다. 일본은 국가가 직접 나서서 대도시 내 특구(특별구역)를 지정해가며, IT·의료·환경·전자정밀기기 등의 업종을 키우려 하고 있다. 도시 내 규제를 과감히 완화하면서 민간투자를 끌어들이려 한다. 이 모든 게 '경제살리기'를 위한 아베노믹스Abenomics의 일환이다. 일본은 '공간정책'이 곧 '경제정책'이다. 대도시에서 미래 먹거리 산업을 키워야 나라 경제가 살 수 있다고 믿는 것이다. 대도시 거점에 최첨단 산업과 관련된 일자리를 만들고 있으니, 많은 젊은이들이 도시로 유입되는 건 당연한 결과다.

미국도 마찬가지다. 미국의 도시재생 화두는 '도시형 혁신공간'을 만드는 것이다. 미국도 과거엔 우리나라와 마찬가지로 도시의 외곽에 산업단지와 과학연구단지를 많이 만들었다. 하지만 도시 밖 단지는 젊은 인재들이 선호하는 공간이 아니다. 젊은이들은 자유롭게 놀고 먹고 마시며 다른 이들과 토론하고, 창의적인 아이디어를 얻을 수 있는 장소를 선호한다. 외곽 산업단지는 젊은이들의 욕구를 충족시키지 못한다. 시대는 변했고, 외곽 단지는 한계에 다다랐다.

이런 한계에 직면했던 곳이 1959년에 만들어진 리서치 트라이앵글 파크Research Triangle Park, RTP라는 연구단지다. 세 곳의 연구중심 대학(듀크대, 노스캐롤라이나주립대, 노스캐롤라이나대 채퍼힐 캠퍼스)을 삼각형으로 이으면, 그 속에 쏙 들어가서 트라이앵글 파크라는 이름이 붙었다. 그런데 이 지역의 특산물은 담배·섬유 등의 농산물이어서 RTP에서는 첨단산업 일자리를 창출하지 못했다. 지역에서 명문대학 졸업자들이 쏟아져 나왔지만, 이들은 일자리를 찾아 다른 곳으로 떠났다. 살아남기 위한 지역의 대응은? RTP를 아예 도시적 환경으로 바꾸기 시작했다. 쇠락해가는 연구단지를 도시처럼 고밀화했다. 호텔과 상업공간을 마련했고 주거공간도 늘렸다. 대중교통망을 확충해 아예 도시를 만들어버렸다. 이제 RTP는 실리콘 밸리에 필적하는 과학단지로 성장했다.

이처럼 4차 산업혁명과 관련된 일자리들이 도시를 중심으로, 그것도 대도시 도심으로 몰리는 현상이 심화되고 있다. 이런 일자리들은 빠릿빠릿한 젊은이들을 필요로 하지만, 우리나라의 젊은이들은 높은 집값과 임대료를 감당하지 못해 도심 밖으로 밀려나고 있다. 그것도 아주 빠른 속도로.

아이러니하게도 겉으로는 그것이 탈도시화와 귀농귀촌 인구의 증가라는 결과로 나타나기도 한다. 인터넷 포털사이트에 들어가 '귀농귀촌 50만 명'으로 키워드 검색을 해보시라. 농어촌에 활기가 돈다며, 이동 인구 대다수가 젊은이라며 온갖 희망에 가득 찬 기사를 보게 될 것이다. 일부 매체에선 서울에선 7만 명 이상이, 경기도에서는 10만 명 이상이 농촌으로 이동하는 '탈도시화'가 진행중이라고 진단하고 있다. 한 언론은 2017년 시골로 가는 인구가 50만을 넘었는데, 이 수치가 2018년엔 49만으로 떨어졌다며 안타까움을 표하기도 했다.

숫자에 감이 있는 사람이면, 이 엄청난 수치가 좀 이상하다고 느낄 것이다. 도시계획에서는 인구 50만 명 이상인 도시를 '대도시'로 본다. 김해시나 포항시, 평택시 인구가 얼추 이 수준이다. 이게 진짜라면 매해 포항시 정도의 인구가 시골로 내려가는 거고, 10년이 지속되면 500만 명의 누적 인구가 시골로 이동하는 셈이다.(실제로 통계자료를 만든 2013년부터 지금까지 매해 귀촌인구는 40~50만 명으로 잡히고 있다!) 서울 인구의 반 정도 수준이다. 그렇다면 지방에도 희망이 있지 않겠는가. 하지만 좀 이상하다. 시골 주민들이 체감하는 현실은 달라도 너무 다르다. 주변이 매해 썰렁해져만 가기 때문이다.

정부의 공식 통계가 왜 이리 현실과 다를까? 좀 더 자세히 살펴보자. 시골로 내려가는 인구 흐름은 크게 세 가지다. 우선, 생업을 위한 두 가지 인구이동이 있다. 농사를 짓기 위해 농촌으로 향하는 '귀농', 고기를 잡기 위해 어촌으로 향하는 '귀어'가 그 흐름이다. 나머지 하나는 '귀촌'이다. 귀촌은 생업이 목적이 아닌, 그냥 시골로 내려가는 거다. 정부 통계에 의하면, 2018년 귀농인구는 1만2055명(1만1961가구), 귀어인구는 986명(917가구), 귀촌인구는 47만2474명(32만8343가구)이다.[49] 귀농인구와 귀어인구는 시골로 내려가는 총인구 중 기껏해야 2.7%(약 1만3000명) 수준에 불과하다. 먹고 살기 위해 시골로 내려가는 인구는 실제로 그리 많지 않다. 이 중, 농사나 고기잡이에 실패해 도시로 재이주('역귀농'과 '역귀어')하는 사람들을 고려하면, 귀농귀어 인구는 더 적어질 수 있다.(정부 통계에선 이렇게 짐 싸고 다시 돌아온 인구는 잡지 않고 있다.)

그러니 정부가 매해 밀물처럼 밀려들고 있다고 하는 50만 인구의 대부분은 '귀촌'인구다. 그런데 여기서의 '촌村'은 우리가 생각하는 농사 짓고 고기 잡는 그런 지역만을 가리키지 않는다. 촌의 사전적 의미는 '도시에서 떨어져 있는 지역'이지만, 법에서 정의하는 '농어촌'은 행정구역상 '읍' 지역과 '면' 지역이다.* 읍과 면은 시골로 보고, 동은 도시로 간주하는 것이다. 이런 법적 기준에 의하면, '동' 지역에서 읍이나 면 지역으로 이동하면 귀촌으로 간주된다. 독자들도 잘 알다시피 '동→읍→면'의 순으로 갈수록 '도시→시골'의 형태를 띤다. 이건 맞다. 하지만 문제는 읍 중에 도시

● 참고로 군 지역에는 하위 행정단위로 읍과 면을 둘 수 있고, 시 지역에는 동을 둘 수 있다. 하지만 '도농 복합형태의 시'에는 읍·면·동'을 다 둘 수 있다.

처럼 돼 있는 곳이 많다는 점이다.

　지난 수 년간 급속한 도시팽창을 경험했던 양산시 물금읍을 보자. 여긴 메가톤급 시골이다. 인구가 12만 명에 달한다. 지난 10년간 인구가 2배 이상 성장한 곳이다. 최근에는 속도가 더 붙어 지난 3년간 매해 1~2만 명씩 증가했다. 부산대 양산캠퍼스와 양산부산대학교병원도 있고, 주변은 아파트로 꽉 차 있다. 시가로 3~4억 원대 아파트도 꽤 된다. 심지어 부산 2호선 지하철도 지나간다. 완전 신도시 느낌이다. 상황이 이러하지만, 부산에서 양산시 물금읍으로 이사하면 법적으로는(?) 시골사람이 된다.

　또 다른 예로 경기도 외곽에 위치한 남양주시의 경우를 보자. 이 도시의 행정구역은 7동·5읍·4면으로 구성되어 있다. 5개의 읍은 화도읍·진접읍·와부읍·오남읍·진건읍이다. 이들 지역도 법적으론 시골이다. 이 중 화도읍은 인구가 11만 명이 넘는다. 읍 지역의 인구가 충남 공주시, 충남 보령시, 경북 영주시, 경기도 동두천시보다 많다. 이유는 최근 이 지역에 대규모 아파트 단지들이 들어섰기 때문이다. 여기도 2~3억 원대 아파트가 즐비하다. 남양주시 진접읍도 마찬가지다. 인구가 9만5000명에 달한다. 초등학교만 9개가 있고, 중학교는 5개, 고등학교는 2개나 된다. 심지어 3개의 대학캠퍼스(경복대학교 남양주캠퍼스, 경희대학교 광릉캠퍼스, 대경대학교 서울한류캠퍼스)도 있다. 광주시 오포읍, 대구시 달성군 다사읍, 부산시 기장군 정관읍, 화성시 향남읍, 화성시 봉담읍, 울산

● 지방자치법에서 정한 읍의 설치 기준은 대부분이 도시의 형태를 갖추고 인구 2만 이상이 된 곳이다.

시 울주군 범서읍, 아산시 배방읍 등도 사정은 마찬가지다. 이름만 시골이다. 이런 곳으로 이사하면 귀촌인가? 아마도 대답하기 힘들 것이다.

이런 문제점을 눈치챈 일부 연구들은, 시 지역에서 군 지역으로의 이동을 '귀촌'으로 보기도 한다. 실제로, 2015년 『NH농협조사월보』의 한 논문에서는 '시→군'의 인구이동을 귀촌으로 간주하여, 2007년을 기점으로 '농촌→도시'의 흐름이 '도시→농촌'의 흐름을 넘어섰다고 분석했다.[50] 한 언론은 이 보고서를 이용해 '이촌향도는 옛말이고, 이미 2007년부터 이도향촌의 흐름이 시작되었다'고 보도했다.[51] 이 분석 또한 틀렸다고 볼 수는 없지만 정확하다고 말하기 어렵다. 대구 달성군, 울산 울주군, 부산 기장군, 경북 칠곡군, 경기도 양평군, 충남 홍성군, 충북 음성군, 전북 완주군 등은 인구가 10만 정도이거나 이를 훌쩍 넘는다. 이들 군 지역에서 인구가 밀집된 곳은 아파트로 가득하고, 대도시에서나 볼 수 있는 생활인프라를 갖추고 있다. 이름만 시골인 지역이다. 이들의 공통점은? 원래는 대도시 인근 지역의 논밭이었지만, 외곽 개발로 인해 도시화가 빠르게 진행되었다는 것이다.

정부가 얘기하고 있는 귀촌 러시rush는 사실상, 젊은 인구의 '도시 외곽 이동'으로 인한 착시현상에 불과하다. 이런 식으로 암울한 통계를 희망적으로 해석해버리면, 정말이지 우리는 제대로 된 공간계획을 세울 수 없다.* 이런 귀촌 통계를 가지고 지방과 농촌

● 또 다른 문제도 있다. 실제 지방 중소도시에는 동 지역이라 하더라도 시골의 성격을 가지고 있는 곳이 많다. 서울에 살다가, 태백시의 '동' 지역으로 이동하는 '동→동'

에 희망이 있다고 얘기하는 건 무책임하다. 매해 20만이 넘게 시골로 가는 젊은이들은 귀촌한 게 아니라 대도시 주택가격이 너무 비싸 도시 외곽으로 밀려났다고 보는 게 맞다.

청년들이 도시에서 밀려날 수밖에 없는 이유에는 여러 요인이 있을 것이다. 그러나 주요한 요인 중 하나가 중장년층과 노년층 모두가 대도시의 부동산을 꽉 잡고 놓지 않고 있기 때문이란 점은 분명하다. 서울시 주택소유에 관한 최근의 추이를 보자.[52] 2014년~2017년 사이, 서울에서 개인 소유의 총주택수는 260만→264만→267만으로 점진적으로 증가하고 있다. 하지만 주택소유 상황은 연령별로 다른 추세를 보이고 있다. 서울 거주 30대(30-39세)의 주택소유 비중은 14.3%→13.8%→13.5%로 감소하고 있는 반면에 40대 이상(40세 이상)이 차지하는 비중은 82.9%→83.3%→83.3%로 증가했다. 상대적으로 경제력이 높은 40대 이상이 부동산을 계속 늘려나가고 있는데, 어찌 청년들이 쉽게 집을 살 수 있겠는가. 이러한 상황에서, 혁신기업들이 도시로 몰려들고 청년들도 일자리를 따라 도시로 이동하길 원하게 되니 도시엔 높은 집값 상승 압력이 생길 수밖에 없다.

잠시 젊은이들을 대상으로 한 최근의 설문조사 결과를 보자. 결혼할 때 어떤 국가정책이 가장 절실하냐고 묻는 질문에 가장 많이 답한 건 '신혼집 마련(39.3%)'이었다. 그 다음이 청년고용 안정

의 흐름은 어떻게 해석할 것인가의 문제이다. 즉 '읍'의 경우에도 도시적 성격을 가진 곳이 많고, '동' 또한 농어촌의 성격을 가진 곳이 많다는 얘기다. 이런 상황에서 진짜 시골이 어디인지를 정의하는 건 쉽지 않은 일이다. 그래서 지금처럼 편의적으로 동은 도시, 읍과 면은 시골로 정의하는 건 무리가 있다.

화(20.8%), 청년실업문제 해소(20.5%)였다.[53] 집값이 내려가야 젊은이들도 도시에서 일을 하고, 결혼을 하며, 애도 낳는다.

베이비부머의 '탈도시화'는 청년들의 도시 안착을 돕고, 일자리 문제도 해결할 수 있는 좋은 방편이다. 이는 저출산 문제도 풀수 있는 열쇠다. 청년층에게 안정적 주거환경이 제공되어야 도시가 살고, 도시가 살아야 국가경제도 좋아질 수 있다. 다행히 베이비부머는 시골을 떠나 도시로 이주한 경험이 있다. 이들은 국가경제 발전에 큰 기여를 하기도 했지만, 1990년대 중반까지 국토의 불균형을 초래하기도 했다. 이제 이들의 은퇴가 빠른 속도로 진행되고 있다. 이 은퇴자들의 귀향은 도시에 머물고 싶어 하는 청년층에게 기회를 제공할 뿐만 아니라, 도시 경제를 활성화하는 데도 도움을 줄 것이다.

베이비부머의 귀향이 도시와 청년들에게만 좋은 게 아니다. 뒤에서 자세히 설명하겠지만 이들의 귀향은 지방의 경제에 활력을 불어넣을 수 있으며, 베이비부머 자신들에게도 새로운 기회가 될 수 있다. 베이비부머가 유입되는 중소도시들에서는 중장년층과 고령자들을 위한 산업이 발달할 것이다. 그러므로 지방 중소도시는 인구를 조밀하게 만들면서, 이들을 통해 지역이 활력을 되찾을 수 있도록 기반을 조성해야 한다. 그래야 향후 또 다른 일자리를 쫓는 젊은층이 유입될 수 있다. 미래의 고령세대는 힘없이 늙어가지 않을 것이다. 앞으로의 고령자를 우리가 어떤 시선으로 보고 어떤 정책을 펼치는지에 따라, 베이비부머는 대한민국 경제와 사회에 활력을 주는 새로운 기여 세력이 될 수 있을 것이다.

베이비부머의 귀향은 지방 중소도시와 농촌을 살린다

농촌 인구의 엑소더스인 이촌향도는 1960년대 중반부터 시작되었지만, 도시 인구가 90%에 육박하게 된 1990년대 말부터 이 흐름이 두드러지게 약화되었다. 이제 중고등학교에서도 이촌향도의 흐름에 대해 그리 많이 배우지 않는다. 사람들도 이 흐름을 크게 체감하지 못한다. 농촌의 형편이 나아져서가 아니다. 농촌에서 더 이상 빠져나갈 인구가 없기 때문이다. 이젠 시골에 10%의 인구만 남아 있다. 이들 대부분은 고령자들이다.

그러다 1990년대 말부터 이촌향도와는 성격이 다른 인구이동의 흐름이 눈에 띄기 시작했다. 바로 대도시 인근 중소도시들의 인구유출이다. 우리 국토는 대도시-중소도시-농어촌의 공간적 위계를 갖고 있다. 농어촌에서 더 이상 빠져나갈 인구가 없어질 즈음에, 국토의 중간 허리를 담당했던 중소도시들이 서서히 무너지기 시작한 것이다.

이러한 중소도시 쇠퇴에 기름을 끼얹은 건 1997년 IMF 외환위기다. 독자들도 잘 알다시피, 이 시기를 기점으로 경쟁과 효율을 중시하는 신자유주의적 시장논리가 온 사회를 뒤덮었다. 우리 정부는 IMF의 요구로 정부 역할을 축소했고, 규제를 완화했으며, 노동시장을 유연화(정리해고와 파견근무제 도입)하고, 민영화를 추진해나갔다. 시장의 힘을 강화하는 정책의 효과는 예상대로였다. 가구(또는 개인)의 소득불평등은 커져만 갔다. 이런 부익부빈익빈 현상은 공간에도 똑같이 나타났다. 경제적 압력은 대도시와 중소도시를 가리지 않고 가해졌지만, 지방의 중소도시들이 더 큰 어려움을 겪었다. 젊은이들은 상대적으로 일자리의 기회가 많은 곳을 찾아 떠났다.

'지방 중소도시→인근 대도시권'의 인구유출은 아직도 진행 중이고, 당분간은 이 흐름이 지속될 것으로 예상된다.(여기서 '대도

인구 흐름의 변화 양상

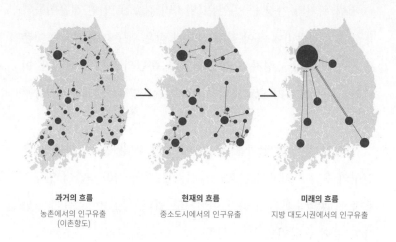

과거의 흐름	현재의 흐름	미래의 흐름
농촌에서의 인구유출 (이촌향도)	중소도시에서의 인구유출	지방 대도시권에서의 인구유출

시권'이란 수도권뿐만 아니라 대전·세종권, 광주권, 대구권, 부산·울산권을 포함한 지역을 말한다. 지방에서 인구소멸을 염려하고 있지만, 다행히도 지방의 대도시권은 그나마 잘 버티고 있다.)

그럼 이런 흐름은 언제쯤 멈춰질까? 그 시기는 대략 20년 후인 2040년 즈음이 아닐까 한다. 그즈음에 중소도시에서의 젊은 인구 유출 속도가 현저하게 줄어들다가 2040년부터는 또 다른 인구 흐름이 나타날 가능성이 크다. 지금까지 잘 버텨온 지방 대도시권이 수도권으로 인구를 뺏기는 쪽으로 말이다. 이렇게 공간마저도 승자가 독식할 가능성이 높다.(왜 2040년이 또 다른 인구 흐름의 분기점이 될지에 대해서는 『지방도시 살생부』에 자세히 밝혔으니 참고를 바란다.) 지금 이 순간 지방살리기를 위한 '특단의 조치'를 취하지 않는다면, 수도권만이 경제·문화·교육을 독식하며 최후의 승자로 남을 것이다.

지방 위기의 가장 큰 원인은 '일자리 감소'로 인한 젊은이들의 유출이다. 가랑비에 옷이 젖듯 진행된 젊은 인구의 유출로 농어촌은 사상 초유의 고령자 지역이 되었다. 특단의 조치가 없다면, 이 지역들은 이제부터 고령자의 사망 속도에 맞춰 소멸해갈 가능성이 크다.

지방이 처한 현 상황을 직시해야 한다. 지방 중소도시는 '젊은 인구의 유출→인구의 감소→도시 인프라의 저하→잔여 인구의 유출'이란 악순환의 고리가 이어지고 있다. 당장 이 흐름에서 탈출할 방법을 찾기도 힘든 상황이다. 악순환 고리의 구조를 보다 자세히 보자. 하나는 '젊은 인구의 유출→인구감소'이고, 또 다른 하나는 '인구감소→도시 인프라의 저하'다. 전자를 중시하는 사람들은 '청년을 끌어들이는 정책'이 중요하다 말할 것이고, 후자를 중시하는 사람들은 '인구를 늘리는 데' 신경 써야 한다고 할 것이다. 여기선 전자가 더 중요하다. 위기의 출발이 '일자리 감소로 인한 청년 인구의 유출'로 시작되었기 때문이다. 그렇지만 현실을 직시한다면 청년 인구를 끌어들여 지역을 살려야 한다는 건 '희망고문'이다. 지금 이 순간에도 청년층이 선호하는 일자리는 대도시로 집중되고 있기 때문이다.

하지만 지방에 희망이 없지는 않다. 악순환의 고리를 끊는 방법으로는 후자가 전자보다 상대적으로 쉽다. 다행히 우리에겐 베이비부머라는 거대 인구층(1차와 2차 베이비부머를 모두 합하면 1685만 명)이 있기 때문이다! 지방도시의 소멸을 막는 핵심 방법은 '인구'를 확보하는 것이다. 도시의 생존을 가능케 하는 최소한의 인구규모가 있다. 적어도 15~20만 명은 넘어야 한다. 그래야 주민들이 원하는 백화점, 영화관, 유명 커피숍이 들어온다. 스타벅스만 봐도 그렇다. 지방도시들을 가다보면 "서울에 그 흔한 스타벅스도 우리 동네엔 안 들어와요"라는 말을 너무 자주 듣게 된다. 그만큼 스타벅스는 도시의 상징이라고 볼 수 있다. 2019년 현재, 전국에 산재한 스타벅스 매장은 모두 1339곳인데, 수도권(서울 502+경기 280+인천 48)에만 830개(약 62%)가 있다.[54] 지방 5대 광역시에도 꽤 많은 매장이 있다. 부산에서 104곳이 영업중이고, 대구에는 64, 광주에는 51, 대전에는 47, 울산에는 25개의 매장이 있다.

인구수와 스타벅스 매장수는 정비례하는 경향을 보이는데, 인구 10만 이하의 도시 82곳 가운데 스타벅스가 하나라도 입점한 지역은 8곳(동해시·속초시·무안군·문경시·홍천군·계룡시·증평군·고성군)밖에 없다. 나머지 지역도 스타벅스가 상권 분석은 했을 것이다. 하지만 매장을 내지 않았다. 인구 10만 명 이하 도시에선 수익을 내기 어렵다는 판단이었을 것이다. 스타벅스가 이 정도인데, 백화점·종합병원·영화관은 오죽하랴.

중소도시는 생활서비스의 붕괴를 막기 위해 최소한의 임계인구critical population size를 확보해야 한다. 임계인구를 지키지 못한 도시는 쇠퇴의 길을 걷는다. 어찌 보면 이건 자연의 이치와 유사하다. 생명의 세계에서도, 개체수가 너무 많은 것도 문제지만 작은 건 더 문제다. 개체수가 너무 적어지면 멸종extinction할 가능성이 높아지기 때문이다. 대규모 포경으로 고래가 멸종 위기에 처하자,

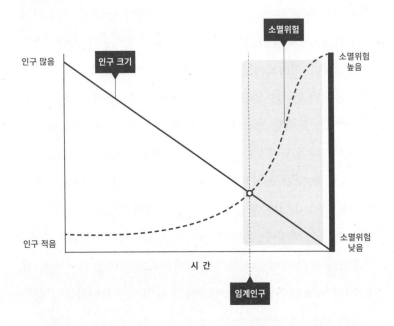

도표 12 도시의 임계인구와 소멸확률

소멸위험

인구 많음

인구 크기

소멸위험
높음

인구 적음

소멸위험
낮음

시 간

임계인구

고래사냥을 금지시켰다. 가장 큰 이유는 고래 수가 임계수준critical level 이하에 있기 때문이다. 고래가 살아남기 위해서는 임계점 이상의 개체수가 확보되어야 한다. 도시도 마찬가지로, 15만 명 이상의 인구는 필요하다. 그렇지만 지금도 인구 15만 명 이하의 지방도시들은 대부분 인구가 감소하고 있다. 이들 도시들은 인구의 하방압력이 가중되는 악순환 고리에 빠져 있기 때문이다.

이제 정리해보자. 지방도시들은 귀향인구를 적극적으로 받아 인구 자체를 늘려야 한다. 그리고 이들이 일할 수 있는 환경을 마련해 경제를 활성화시켜야 한다. 그래야 지역의 생활환경도 좋아지고, 궁극적으로 젊은 인구도 끌어들일 수 있다.

Step 1: 중장년층의 이주를 통한 임계인구의 확보

Step 2: 이들이 일할 수 있는 환경을 마련해 경제를 활성화

Step 3: 경제활성화를 통한 젊은 인구의 유입정책

거듭 강조하지만, 다행히 우리에겐 베이비부머들이 있다. 이들은 전체 인구의 3분의 1을 차지하며, 수도권과 지방 5대 광역시에만 1100만 명 넘게 살고 있다. 수가 많다는 건 그만큼 경험을 공유하는 사람이 많다는 것이고, 변화의 필요성을 느낄 때 힘을 가질 가능성이 크다는 뜻이다. 이들이야말로, 귀향을 통해 지방 중소도시와 시골의 경제를 살릴 수 있는 힘을 가진 집단이다. 경제를 살리는 두 가지 축은 '생산'과 '소비'다. 생산과 소비는 서로 맞물리면서 경제를 살린다. 그러니 '생산에 투입되거나' 혹은 '소비력이 있거나', 어느 하나라도 충족하는 인구가 중요하다. 베이비부머는 이 둘을 모두 갖췄다. 많은 순자산을 보유했기에 강력한 소비력을 갖고 있고, 일할 능력과 의향이 있기에 생산과정에 투입될 수 있다.

여기서 꼭 염두에 두어야 할 중요한 점이 있다. 임계인구의 확보도 중요하지만, 귀향하는 인구가 도시 곳곳에 퍼지게 해서는 안 된다. 도시가 에너지를 갖기 위해서는 밀도가 높아져야 한다. 지방 중소도시 중에는 서울보다 면적이 큰 곳들도 많다. 하지만 대부분 인구는 서울의 1~2% 수준에도 못 미친다. 그러니 지방 중소도시의 경우에는 특정 거점을 중심으로 인구와 일자리를 모아 도시의 활력을 찾아야 한다. 많은 수의 귀촌인구가 내려가도 곳곳에 흩어져버리면, 도시의 활력이 높아질 수 없다.(도시 압축의 중요성과 방

법에 대해서는 『지방도시 살생부』와 『지방분권이 지방을 망친다』를 참고하기 바란다.)

귀향은 베이비부머에게 어떤 의미일까

베이비부머는 '고향에 대한 기억'을 가진 세대다. 베이비부머의 상당수가 고향을 떠나 타지에 정착했다. 이들은 쇠락해가는 고향에 마음 아파하고, 추억 속 장소들이 스러져가는 것을 안타까워한다. 타지에 정착한 사람들의 가슴 한 귀퉁이에는 귀소 본능이 살아 숨쉬고 있다. 이들은 이제 은퇴했거나 은퇴를 앞두고 있다. '수구초심首丘初心'이라고 했던가. 짐승도 죽을 때 머리를 자기가 살던 굴 쪽으로 둔다는 데 사람이야 어떻겠는가. 은퇴 후에는 고향에 내려가 살고 싶다는 소망도 품고 있다.

베이비부머들은 실제로 귀향에 대해 어떤 생각을 가지고 있을까? 2006년 실시된 농림부의 조사에 따르면, 앞세대 베이비부머 (1955~1963년생) 도시거주자의 56.3%가 은퇴 후 농촌지역으로 이주할 의향이 있다고 답했다.[55] 이들 중 구체적으로 준비하고 있다는 응답은 7%에, 구체적이진 않지만 어느 정도 준비하고 있다는 응답이 34.4%였다. 2011년 국토연구원의 설문조사 결과에서는 앞세대 베이비부머의 65% 정도가 은퇴 후 농촌으로 이주하고 싶은 의향이 있다고 답했다.[56] 구체적인 이주계획을 갖고 있는 경우도 14%에 달했다. 은퇴 후 귀농·귀촌 여부를 조사한 2018년

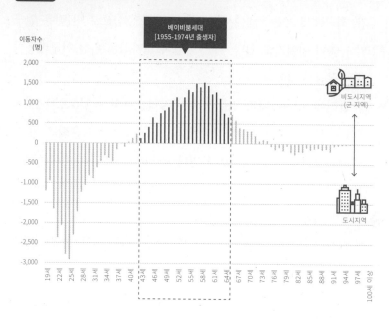

도표 13 연령별 농촌으로 이동한 인구(2018)[57]

베이비붐세대
[1955-1974년 출생자]

이동자수
(명)

비도시지역
(군 지역)

도시지역

농촌경제연구원의 설문조사에 따르면, 50대의 42%, 60대 이상의 34.3%가 관심이 있음을 밝혔다.[58] 이렇듯 베이비부머들의 지방 이주에 대한 관심은 지속적으로 존재하는 것으로 확인이 된다.

물론 이 설문조사 결과를 신뢰하지 않는 독자들도 있을 것이다. '의향'에 관한 설문조사는 그저 희망사항을 말할 뿐, 실제 행동으로 이어지지 않을 수 있기 때문이다.

그렇다면, 통계청의 2018년 인구이주 통계를 보자. [도표 13]은 이촌향도를 주도했던 이들의 최근 인구이동 추이를 보여주고 있다. 이 그림에서 Y축 값이 (-)를 보이면 '도시로 가는 인구〉농촌으로 가는 인구'로, 반대로 (+)를 보이면 '도시로 가는 인구〈농촌으로 가는 인구'로 이해하면 된다.* 뚜렷한 패턴이 보이지 않는가. 최근에도 농촌지역에서는 20~30대를 중심으로 한 젊은 인구의 유출이 이어지고 있다. 이는 학업과 일자리를 위한 인구이동이 주된 원인일 것이다.

반면에 40~60대의 인구는 농촌지역으로의 유입(=도시지역에서의 인구유출)이 크게 나타나고 있다. 이들 대부분은 은퇴 후 주거이동과 관련이 있을 것으로 보인다. [도표 13]에서 베이비붐세대(1955~1974년 출생자)는 네모 박스로 표시했다. 그래프는 베이비부머가 시골로 이동하고 있다는 걸 의미한다. 이동자의 수만 보면 현재는 그다지 큰 흐름이라 볼 수는 없을 것이다. 하지만 '이촌향도'를 주도했던 이들이 이젠 역으로 '이도향촌'의 흐름을 조금씩 만들어가고 있는 건 확실하다. 왜 이러한 베이비부머의 이동이 나타나고 있을까? 도시를 떠나는 데는 이유가 있지 않았겠는가?

첫째는, 베이비부머에게 귀향이란 도시의 삭막한 풍경과 각박한 경쟁 환경을 벗어나는 수단이라는 것이다. 귀농·귀촌의 이유를 물으면 가장 많이 대답하는 게 '자연환경이 좋아서'이다.[59] 한 연구에서는 무려 61%가 '자연환경에서 건강하게 생활하기 위해'라고 답했다.[60] 또한 '시간에 얽매이지 않는 자유로운 생활을 영위하기 위함'(17.9%)이 그 뒤를 이었다. 이들에게 '좋은 자연환경'의

● 앞서 설명했듯이 보편적으로 사용되고 있는 농촌에 대한 정의는 두 가지이다. 읍·면·동 중 '읍·면'에 해당하는 지역이거나, 시·군·구 중 '군' 지역을 농촌으로 간주한다. 여기서는 상대적으로 해석상의 오류가 적은 후자의 방식을 택해 농촌으로의 이동 인구를 측정했다. 지방 광역시 군 지역(예를 들어 부산 기장군과 대구 달성군) 내 젊은 인구들의 순유입이 활발했던 상황을 고려한다면, 베이비붐세대의 농촌 이동은 이보다 더 크게 나타날 수 있다.

반대말은 '팍팍한 도시 환경'이다. 소싯적 농촌을 떠나 대도시에서 오랫동안 살긴 했지만 왠지 자신을 이방인처럼 느끼는 사람들이 많다는 뜻이다. 2년마다 한 번씩, 혹은 그보다 더 자주 셋방을 옮긴 이들에게도 대도시는 안정감을 주는 공간이 아니다. 삶이 힘들 때마다 고향을 떠올리곤 한다. 도시는 생존을 위한 수단이었을 뿐이다.

이들은 귀향을 통해서 건강 또한 챙기길 희망한다. 물론 이들이 말하는 건강에는 육체적인 건강뿐만 아니라 정서적인 건강도 포함되어 있다. 많은 귀향인들이 대도시의 스트레스를 벗어나 지친 몸과 마음을 치유하고 싶어 한다. 이제 이들이 더 이상 생존을 위해 아등바등하지 않아도 될 나이가 되었다. 이들은 원하는 걸 하기 시작했고, 그 가운데 하나가 도시의 경쟁적 삶에서 벗어나는 것이다.

둘째, 귀향을 통해 새로운 삶을 시작하고 싶기 때문이다. 물론 귀향에도 그 유형과 목적이 다양하다. 어떤 이는 새로운 경제활동을 하기 위해, 어떤 이는 여생을 가족이나 친구들과 함께하기 위해 귀향한다. 제2의 삶이 조용하길 바라는 마음으로, 아니면 공동체만이 사람 사는 거라 생각하기 때문에 귀향하기도 한다. 이유야 어쨌든 대도시를 떠나 보다 한적한 곳으로 간다는 건 생활환경의 큰 변화를 수반한다. 새 술은 새 부대에 넣어야 하는 것처럼 새로운 삶을 과거와는 완전히 다른 곳에서 시작하고 싶은 것이다. 그럼 어떤 새로운 삶을 시작할 수 있을까? 은퇴 후 귀향하는 경우, 하던 일을 이어가는 경우는 많지 않다. 경제적인 목적으로 이주한 귀향인의 상당수가 농업에 종사하고 있다. 은퇴하고 '치킨집'이나 '카페'를 내는 것보다 농촌에서 농사를 짓는 게 더 실패 가능성이 낮다고 보는 것이다.

하지만 요즘은 라이프스타일 도시라고 해서, 지역만의 라이프스타일에 관련된 산업이 커져가고 있다. 농촌진흥청에서는 농업·농촌 유망 일자리 100선이라 이름으로 마을기업의 운영자, 관광 코디네이터, 커뮤니티비즈니스 전문가, 다문화언어지도사, 숲치유사, 그린 마케터, 지역사회예술 기획가, 식생활교육 전문가, 의약품신소재 개발자, 중독심리 상담사 등을 떠오르는 직업으로 추천하고 있다. 높은 보수를 기대하지만 않는다면 의외로 귀향인들이 참여할 수 있는 일들이 많다. 도시에서 다양한 경험과 인맥을 쌓은 베이비부머들이 자신들의 고향에서 지역 고유의 특성(특산품 및 관광자원)을 활용한다면, 상당한 시너지를 기대할 수 있을 것이다.

또한 지방 중소도시에서는 고령자들의 경우 노인들이 서로 돕는 지역단위 커뮤니티가 빠르게 확대되어 가고 있다. 특히 공동돌봄이나 자원봉사, 문화활동 등에서 고령자들이 할 일이 많아지고 있다. 이웃 나라 일본의 경우도 마찬가지다. 고령자 '자조조직'이 빠르게 활성화되고 있다. 자조조직이란 '스스로 만든' 조직이란 뜻이다. 협동조합과 사회적 기업이 이런 자조조직의 중심 역할을 하고 있다. 이런 자조조직이나 커뮤니티들은 은퇴자들이 힘들어하는 '관계의 단절'을 극복할 수 있는 방안도 된다. 우리 지자체들도 독거노인 공동주거제 조례를 제정하는 등 노인들이 함께 살 수 있게끔 여건을 마련하고 있다.

셋째, 가장 중요하게는 귀향을 하게 되면 생활비가 감소하기 때문이다. 이 책의 1장에서 은퇴를 앞둔 이들이 희망하는 노후의 적정생활비는 부부 기준으로 243만 원이라고 밝힌 바 있다. 하지만 이건 전국 평균이 그렇다는 것일 뿐이다. 적정생활비는 지역별로 큰 편차가 있다.[61] 독자들도 예상하겠지만 서울이 가장 높은 284만 원이다. 광역시와 나머지 도 지역의 경우는 각각 236만 원, 233만 원으로 전국평균보다 낮게 나타났다. 지방에 거주하면 17~18% 정도의 생활비를 절약할 수 있는 것이다. 이러한 차이는 서울의 높은 집값에 기인하는 바가 크다. 2019년 8월 현재 서울 아파트의 중위가격은 8.9억 원이다. 지방 5대 광역시와 지방 도 지역의 아파트의 중위가격은 각각 2.4억 원과 1.5억 원이다. 월세로 봐도 차이가 크다. 2019년 12월 현재 서울 아파트의 중위월세가격은 102만 원이고, 수도권 전체로는 84.7만 원이다. 그런데 지방 5대 광역시와 도 지역의 중위월세가격은 각각 55.7만 원과 43.5만 원이다.

베이비부머들의 자산은 대부분 주택의 형태로 존재하며, 부채도 주택구입 비용과 전월세 보증금으로 사용된 비중이 절반 이상이다. 주거에 관련해 많은 비용이 들어가니 교육비·생활비·의료비 등을 확보하는 데 어려움이 있을 수밖에 없다. 귀향은 이런 이들에게 보다 여유로운 생활을 선사해줄 수 있는 것이다.

귀향의 다양한 패턴: U턴, J턴, I턴

귀향이라고 하면, 보통 나고 자란 고향으로 돌아가는 걸 생각한다. 그렇지만 실제로 귀농귀촌을 하는 이들은 꼭 태어난 곳으로 가지는 않는다. 실제로 귀향에서 '향鄕'의 의미는 '나고 자란 곳'에 국한되지는 않는다. '고향'의 사전적 의미는 크게 세 가지로, 내용적 범위가 매우 넓다.[62] ① 자기가 태어나서 자란 곳 ② 조상 대대로 살아온 곳 ③ 마음속에 깊이 간직한 그립고 정든 곳.

이렇게 고향을 넓게 해석한다면, 귀향은 자신이 태어나고 자란 곳으로 돌아가는 것뿐만 아니라, 대도시 주변의 조그만 마을로 내려가 여생을 보내는 것도 포함할 수 있다. 이렇게 고향을 넓은 의미로 해석했을 때, 귀향의 패턴은 크게 U턴·J턴·I턴의 세 가지로 나타날 수 있다.

먼저, U턴은 지방 소도시(혹은 중소도시)에서 대도시로 이주한 사람이 다시 출신지역으로 돌아가는 것을 말한다. 즉 좁은 의미의 귀향이다. 은퇴 후 고향인 의성으로 돌아가 농사를 짓고 있는 이동필 전 농림부 장관이 좋은 예가 될 수 있다. 태어난 곳으로 다시 돌아갔으니 전형적인 U턴이다. 노무현 전 대통령이 은퇴 후 김해시 봉하마을로 귀향한 것도 U턴이라 볼 수 있다. U턴의 경우, 고향의 범위를 조금 더 넓게 잡아 출신지역의 연접지까지 포함하기도 한다. 의성 출신이 연접한 안동시로 이주하는 경우나, 완주 출신이 전주시로 이주하는 것도 U턴에 포함시킬 수 있다.

두번째 귀향패턴은 J턴이다. 알파벳 J의 꼬리가 약하게 휘어진

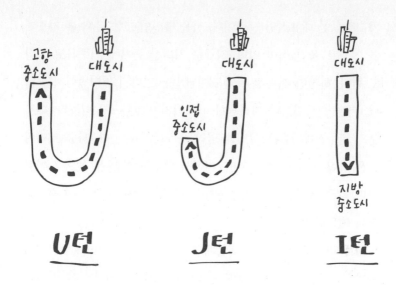

것에 주목하시라. J턴은 지방에서 대도시로 이주한 사람이, 자신의
출신지가 아니라 근처의 지방 소도시(혹은 중소도시)로 이주하는
현상을 말한다. 하나의 예로, 익산 출신인 사람이 서울에서 생활하
다 은퇴하고서 경기도의 양평으로 가는 경우, 문경 출신이 창원에
서 살다가 인근 지역인 함안으로 이주하는 경우다. 이건 쭉 살아
왔던 대도시에서 그리 멀지 않은 곳으로 옮긴 경우다. J턴이 또 하
나의 귀향 패턴으로 자리 잡은 이유는, 제2의 고향이 된 대도시에
서 너무 먼 곳으로 이동하고 싶지 않은 마음이 작용했기 때문이
다.

　세번째 귀향패턴은 I턴이다. 알파벳 I에서 알 수 있듯이, 그냥
직방통행이다. I턴은 원래 대도시 출신이었던 사람이 연고가 없는
지방 중소도시로 곧장 이주하는 경우를 말한다. 개그맨 전유성 씨

가 I턴을 한 대표적인 사람이다. 서울 출신인 그는 은퇴 후 거주지를 청도로 옮긴 적이 있다. 지금은 지리산 근처에 거주하고 있다고 한다. 하지만 전유성 씨의 귀향패턴은 그다지 전형적이지는 않다. 서울에서 청도나 지리산까지의 거리는 300㎞가 넘는다. 대부분의 I턴 귀향인들은 그렇게 멀리 움직이지 않는다. 서울 토박이들은 양평·가평·강화 등 연고지에서 너무 멀지 않은 곳으로 이동한다. 대구 토박이들도 마찬가지다. 인근의 청도나 경산 내 시골로 많이 이동한다.

귀농귀촌의 유형을 경제생계형(농업에 종사, 생활비가 싸서), 대안가치추구형(생태적 삶, 공동체, 소박한 삶에 대한 가치추구), 개인생활효용형(전원생활, 건강 및 여가)으로 나누어 살펴볼 경우, 귀향패턴별로 유형이 다르게 나타난다. 특히 I턴의 경우는 대안가치추구형 비율이 가장 높게 나타난다.[•] 대도시에서 나고 자란 이들은 귀농귀촌을 고려할 때 생계보다는 대안적 가치를 더욱 소중히 여기고 있다. 이들의 교육수준도 상대적으로 높게 나타났다. 반면에 U턴과 J턴의 경우는, 전원생활을 즐기기 위한 개인생활효용형뿐만 아니라 농사를 짓기 위한 경제생계형이 다수를 차지하고 있다.

전북 진안군의 귀농귀촌인 356명을 대상으로 한 사례연구는

● 농촌진흥청에서는 2014~2018년의 5년 동안 1039명의 귀농귀촌인을 대상으로 실태조사를 벌였다. 조사대상자로 포함된 이들의 대다수는 베이비부머이다. 이들의 귀농귀촌 동기는 생계형(실직, 생활비 절감), 대안가치형(새로운 대안적 삶), 은퇴전원형(은퇴 후 전원생활), 경제형(새로운 경제적 기회)의 4가지였는데, 이 중 나이가 젊을수록 대안가치형이, 나이가 들수록 은퇴전원형 귀농귀촌의 비중이 높았다.(농촌진흥청, 「'귀농·귀촌 정착실태 장기추적조사(14~18)' 결과 발표 보도자료」, 2019년 7월 31일.)

각 유형의 특성을 가늠할 수 있게 한다.[63] 2011년에 이뤄진 연구로 시간이 좀 지나긴 했지만, 지금 설문조사를 한다고 해도 결과가 크게 다르진 않을 것이다. 귀농귀촌 지역 중 '진안군'을 선택한 동기에 대해, '고향이나 친척이 사는 등 연고가 있어서'(42.2%) '전에 살던 도시에서 가까운 곳이므로'(8.8%) '선후배·친구 등 지인이 살고 있어서'(8.5%) '직장이나 학교로의 통근 통학이 가능해서'(2.3%)를 귀농귀촌의 이유로 답했는데, 이를 모두 합하면 약 62%에 달한다.(또 다른 이유로는 '자연환경이 좋아서'가 21%로 높은 비율을 차지했다.) 이게 의미하는 바는? 사람들이 귀향을 결정할 때는 혈연·지연·친구 등의 '끈'이 크게 작용한다는 점이다.

진안군에서는 I턴이 43.3%로 가장 높았으며, 그 뒤로 U턴 41.1%, J턴 15.5%로 나타났다. 진안에서 I턴이 높게 나타나는 데는 특별한 이유가 있다. 인근에 대도시인 전주시(인구 65만 명)가 있기 때문이다. 진안군처럼 주변에 대도시가 있는 경우는 I턴의 비중이 높게 나타나고, 그렇지 않은 경우는 U턴의 비중이 상대적으로 높게 나타난다. 전북지역의 경우 베이비부머들이 과거 이촌향도의 과정에서 수도권으로 많이 이동했다. 따라서 연구에서는 자세히 밝히고 있지 않지만, U턴 인구 중 상당수가 수도권으로부터 이동한 인구일 가능성이 크다.

U턴·I턴·J턴 모두 도시 내부의 압력을 누그러뜨리는 데 기여할 수 있다. 하지만 이 세 가지 중 U턴이 지방을 살리는 데 매우 유의미하고 실효성 있는 수단이기 쉽다. 그 이유는 첫째, J턴과 I턴이 많아지면 도시의 교외화 현상suburbanization을 부추길 가능성

이 크다. 이들이 원하는 종착점은 대부분 '살던 곳에서 가까운 지역'으로 압축되기 때문이다. 서울뿐만 아니라 대전·대구·광주·울산·부산의 외곽이 J턴과 I턴의 대상지가 될 것이다. 그러니 실제로 국토의 균형적 발전이라는 측면에서는 U턴이 가지는 효과가 J턴이나 I턴보다 강력할 수 있다.

두번째 이유는 U턴의 정착 가능성이 J턴과 I턴에 비해 높을 것이기 때문이다. 귀향정책에 대한 세미나에서 나온 한 지역 주민의 말에 주목해보자. "시골은 외지인들에게 배타적이에요. 농촌에는 나름의 규약이 있어요. 이장이 발전기금 명목으로 몇백을 요구하기도 하고, 땅의 일부를 주민들이 공동으로 이용할 거니 그리 알아두라고 말하기도 합니다. 동네 일도 함께 해야 한다, 마을회의도 참석해야 한다고 강요합니다. 심지어 심한 경우는 현관문에 도어락을 달았는데, 이건 우리를 못 믿는 거라며 도어락을 없애라고도 합니다. 도시에서 온 사람들은 이걸 절대 이해 못해요. '왜 외지인만 돈을 내냐, 이건 차별 아니냐' '왜 내 땅을 남들이 마음대로 쓰냐' '쉬러 왔는데 왜 자꾸 남의 일에 간섭하냐' '난 도어락이 없으면 불안해서 잠을 제대로 잘 수가 없다' '내려온 지 10년이 넘었는데 내가 아직도 외지인이냐'고 반론을 제기하지요. 도시인들에겐 이게 참견이고 텃세로 느껴져요. 서서히 왕따를 당합니다. 나중엔 주민들과 다툼이 생기고, 참다못해 다시 도시로 돌아가는 경우가 많아요."

실제로 주민들과 왕래가 적을수록, 그리고 갈등이 잦을수록 다시 도시로 돌아가는 역귀촌이 많다는 연구 결과도 있다.[64] 외지인이 기존 주민들과 융화되기 위해서는 큰 노력이 필요하다. 시골 마을에서만 그런 게 아니다. 정도의 차이는 있겠지만 지방 중소도시도 어느 정도의 텃세가 있다. 지방 사람들은 서울 사람들을 깍쟁이로 여긴다. 혹은 지방을 무시하거나 거만하다고 느끼기도 한다.[65]

갈등의 근본적인 원인은 도시와 농촌, 도시와 지방 간에 문화와 규범이 다르기 때문이다. 그러니 서로가 이해 못하는 상황이 발생하는 것이다. 하지만 U턴 귀향인은 조금 다르다. 도시에서 오래 살긴 했지만, 지역 사정에 대해 아는 게 많다. 주변에 도움을 청할 친지와 친구들도 많이 남아 있고, 동네 중고등학교 모임에도 쉽게 참여할 수 있다. 주민들도 이들을 '우리 사람'으로 생각해 한번 떠보거나 까다로운 잣대를 들이대는 경우도 많지 않다. 이주한 지역에 녹아들어 정착하기에는 U턴형 귀향이 유리한 것이다.

어느 정도의 인구가 귀향할 수 있을까?

그러면 베이비부머들은 얼마나 많이 고향을 떠났고, 지금은 어디에 살고 있는가? 통계청 2015년 기준 인구주택총조사 자료를 통해 베이비부머의 '출생지'가 '현거주지'와 어느 정도 일치하는지 알아보았다.[66]

수도권에 거주하는 베이비부머는 모두 805만 명이다. 이 중 440만 명 정도(약 55%)가 지방에서 출생했고, 이들의 상당수가 농촌 출신이다. 전국 곳곳으로부터 엄청난 베이비부머를 흡수한 결과다. 수도권은 '인구의 용광로'라 불릴 만큼 여러 지역의 사람들이 섞였다. 하지만 자세히 들여다보면 출신지역별로 꽤나 큰 차이를 보이고 있다.

어느 지역에서 가장 많이 들어왔을까.[67] 압도적 1위는 호남지역이다. 호남에서 태어난 베이비부머 314만 명 중 무려 반 정도인 150만 명(48%)이 수도권으로 올라왔다. 반면에 영남에서는 베이비부머 507만 명 중 113만 명(22%)이 수도권으로 올라왔다. 48% 대 22%. 같은 남부지역이지만 어마어마한 차이다. 호남지역이 영남지역에 비해 대규모 인구유출을 겪은 이유는, 공업단지가 영남지역에 집중적으로 개발되었기 때문이다. 영남 출신들은 구미·울산·포항의 산업도시들과 부산·대구와 같은 대도시로 분산될 수 있었다. 반면에, 호남 출신들은 일자리를 찾아 멀리 떠날 수밖에 없었다.

실제로 1970~1980년대에 다수의 호남 출신 베이비부머들은 일자리를 찾아 구로공단 등의 공장으로 몰렸다. 그런 이유로, 영등포구·구로구·금천구·관악구에 호남 출신의 비중이 상대적으로 높다. 예컨대 관악구의 경우 인구가 52만 명 정도인데 이 중 호남 출신이 20~23만 명 정도로 추산된다.

그럼 우리나라에서 '출생지=현거주지' 비율, 그러니까 태어난 곳에 눌러앉은 비율이 가장 높은 곳은 어디일까. 예상대로 수도권(88.9%)이다. 10명의 수도권 베이비부머 중 9명은 태어난 곳을 떠나지 않았다. 부산·대구·광주·대전·울산 등의 대도시에서 태

도표 14 베이비부머의 출생지와 현 거주지 현황

[자료: 통계청, 인구주택총조사 2% 표본조사 (2015년)]

거 주 지

단위 : 만 명, %

출생지 ＼ 거주지	수도권	부산	대구	광주	대전	울산	강원	충북	충남	전북	전남	경북	경남	제주	합계
수도권	366.1 (88.9)	4.0 (1.0)	2.4 (0.6)	1.2 (0.3)	4.3 (1.0)	1.9 (0.5)	5.5 (1.3)	4.9 (1.2)	9.2 (2.2)	2.3 (0.6)	1.9 (0.5)	3.4 (0.8)	3.5 (0.9)	1.3 (0.3)	412.0 (100.0)
부산	20.1 (21.4)	48.0 (51.3)	1.5 (1.6)	0.2 (0.2)	0.9 (1.0)	4.5 (4.9)	0.7 (0.8)	0.6 (0.6)	1.1 (1.2)	0.5 (0.5)	0.7 (0.8)	2.3 (2.5)	11.8 (12.6)	0.6 (0.7)	93.5 (100.0)
대구	12.7 (21.9)	2.0 (3.5)	31.6 (54.5)	0.1 (0.2)	0.6 (1.1)	1.4 (2.5)	0.4 (0.8)	0.5 (0.9)	0.6 (1.0)	0.2 (0.3)	0.2 (0.3)	5.8 (10.0)	1.7 (2.9)	0.2 (0.3)	58.0 (100.0)
광주	10.6 (33.3)	0.4 (1.3)	0.1 (0.3)	15.9 (49.9)	0.4 (1.2)	0.2 (0.6)	0.2 (0.7)	0.2 (0.6)	0.4 (1.2)	0.6 (2.0)	2.2 (6.8)	0.2 (0.6)	0.3 (1.0)	0.2 (0.5)	31.9 (100.0)
대전	8.2 (30.0)	0.4 (1.6)	0.2 (0.8)	0.1 (0.3)	14.3 (52.8)	0.2 (0.6)	0.2 (0.7)	3.4	1.6 (5.8)	0.3 (1.0)	0.1 (0.5)	0.3 (1.1)	0.3 (1.1)	0.1 (0.3)	27.2 (100.0)
울산	2.3 (14.3)	1.4 (8.5)	0.3 (1.6)	0.0 (0.2)	0.1 (0.5)	10.3 (63.6)	0.1 (0.4)	0.1 (0.4)	0.2 (1.0)	0.0 (0.3)	0.1 (0.4)	0.5 (3.2)	0.8 (4.9)	0.0 (0.3)	16.2 (100.0)
강원	45.7 (46.8)	2.5 (2.5)	1.5 (1.5)	0.4 (0.4)	1.3 (1.3)	2.1 (2.1)	33.7 (34.5)	2.8 (2.8)	2.1 (2.2)	0.6 (0.7)	0.5 (0.5)	2.7 (2.7)	1.8 (1.8)	0.2 (0.2)	97.8 (100.0)
충북	36.5 (42.9)	1.4 (1.6)	1.1 (1.3)	0.2 (0.2)	5.3 (6.2)	1.0 (1.2)	1.6 (1.9)	30.4 (35.8)	3.1 (3.7)	0.5 (0.6)	0.4 (0.4)	1.8 (2.1)	1.4 (1.7)	0.2 (0.2)	85.0 (100.0)
충남	69.9 (52.4)	1.4 (1.0)	0.7 (0.5)	0.4 (0.3)	12.6 (9.4)	0.7 (0.5)	1.4 (1.0)	2.9 (2.2)	38.4 (28.7)	1.6 (1.2)	0.8 (0.6)	1.2 (0.9)	1.3 (1.0)	0.3 (0.2)	133.6 (100.0)
전북	64.7 (49.4)	2.2 (1.7)	0.9 (0.7)	2.7 (2.0)	3.5 (2.7)	0.9 (0.7)	1.1 (0.8)	1.4 (1.1)	3.2 (2.4)	45.1 (34.4)	2.4 (1.8)	0.8 (0.8)	1.2 (1.2)	0.3 (0.3)	130.9 (100.0)
전남	86.3 (47.2)	6.9 (3.8)	0.9 (0.5)	25.3 (13.8)	2.0 (1.1)	1.6 (0.9)	1.1 (0.6)	1.5 (0.9)	3.0 (1.6)	3.6 (2.0)	44.3 (24.3)	1.3 (0.7)	3.9 (2.1)	1.1 (0.6)	182.7 (100.0)
경북	50.9 (27.5)	12.0 (6.5)	35.0 (18.9)	0.3 (0.2)	2.3 (1.2)	8.6 (4.7)	2.5 (1.4)	2.5 (1.3)	2.6 (1.4)	0.5 (0.3)	0.8 (0.4)	59.9 (32.4)	6.8 (3.7)	0.5 (0.3)	185.2 (100.0)
경남	27.4 (17.8)	30.9 (20.0)	6.9 (4.5)	0.3 (0.2)	1.2 (0.8)	6.1 (4.0)	0.9 (0.6)	0.9 (0.6)	1.6 (1.0)	0.7 (0.4)	1.1 (0.7)	4.0 (2.6)	72.1 (46.7)	0.4 (0.3)	154.5 (100.0)
제주	4.0 (19.9)	0.6 (3.3)	0.1 (0.7)	0.1 (0.4)	0.1 (0.4)	0.2 (0.9)	0.1 (0.5)	0.1 (0.6)	0.2 (1.0)	0.1 (0.4)	0.1 (0.7)	0.2 (0.9)	0.4 (2.1)	13.6 (68.2)	19.9 (100.0)
합계	805.4 (49.5)	114.2 (7.0)	83.1 (5.1)	47.2 (2.9)	48.9 (3.0)	39.8 (2.4)	49.6 (3.0)	49.7 (3.1)	67.2 (4.1)	56.5 (3.5)	55.5 (3.4)	84.6 (5.2)	107.7 (6.6)	19.0 (1.2)	1628.3 (100.0)

🚶 수도권으로 이동한 베이비부머 　　　　　　　　　🧍 이동하지 않은 베이비부머

어난 베이비부머의 상당수도 고향을 떠나지 않았다. 수도권보다 현저히 낮긴 하지만, 그래도 각각 51.3%, 54.5%, 49.9%, 52.8%, 63.6% 정도가 출생한 곳에 여전히 머무르고 있다. 개략적으로 말하면, 반은 머물고 나머지 반은 떠났다. 하지만 특징적인 사실이 있다. 떠난 사람들의 상당수가 수도권으로 향했다는 점이다. 광역

시에서 출생한 베이비부머의 경우 '계속 거주 인구'와 '수도권으로 이주한 인구'를 합하면 72.7%, 76.5%, 83.2%, 82.8%, 77.8%로 나타나고 있다. 이것이 의미하는 바는? 도시에서 태어난 사람들은 웬만해서 지방 중소도시로 가지 않는다는 점이다.

반면에 강원(34.5%), 충북(35.8%), 충남(28.7%), 전북(34.4%), 전남(24.3%), 경북(32.4%), 경남(46.7%) 지역은 '출생지=현거주지' 비율이 상대적으로 낮다. 짐작하다시피 압도적인 인구가 수도권으로 이동했기 때문이다. 강원도에서 태어난 베이비부머의 경우 46.8%가 수도권으로 이동했다. 충북·충남·전북·전남·경북·경남·제주의 경우에도 각각 42.9%, 52.4%, 49.4%, 47.2%, 27.5%, 17.8%의 인구가 수도권으로 거처를 옮겼다. 이게 지방이 힘들어질 수밖에 없었던 이유이다. 단순 계산으로 지방에서 출생한 베이비부머(1200만 명) 중 36% 정도인 440만 명 정도가 수도권에 자리를 잡았다.

이런 통계에 기반해서 U턴의 효과를 보자. 얼마나 많은 사람들이 고향 혹은 고향 인근 지역으로 돌아갈 수 있을까? 물론 그 결과는 귀향정책이 얼마나 정교하고 실효성 있게 만들어지는지에 따라 다를 것이다. 그러니 현재 상태에서 정확한 수치를 추정하긴 힘들다. 다만, 그 효과가 작지 않음을 짐작해볼 수 있는 통계는 있다. 설이나 추석에 발생하는 '민족 대이동' 규모에 관한 통계이다. 한국교통연구원에서는 매년 '특별교통대책기간 통행실태 조사'를 발표하고 있다.[68] 여기 포함된 설문조사를 보면 표본 9000가구 중 2411가구가 설 명절에 고향으로 간다고 대답했다. 이는 얼추 전체 가구의 27% 정도이다. 2018년 우리나라 전체 가구수가 2050만 정도 되니, 약 500만 가구가 이동한 것으로 예상할 수 있다. 가구당 2.5인으로만 잡아도 약 1250만 명에 이른다. 물론 이 중엔 부모를 따라간 자녀도 있을 테고, 지방에 있는 부모를 보러 간 젊은 세대도 있을 테니 그대로 대입하는 건 타당하지 않다. 단지 고향과의 끈이 이어져 있는 이들이 이렇게 많다는 정도로 이해하자.

여기서 U턴의 흐름에 대한 간단한 시뮬레이션 결과를 보자. 시뮬레이션은 고향을 떠나온 베이비부머들을 대상으로 한 것이다. 귀향의 주체는 농촌이나 중소도시로 향하는 사람들이니, 도시의 위계 속에서 '높은 곳→낮은 곳'의 인구 흐름을 파악했다. 즉 '수도권→5대 광역시+기타 지방'으로 가는 인구와 '지방 5대 광역시→기타 지방'으로 가는 인구다. 물론 이런 가정 없이 그냥 지자체별로 옛 거주지역으로 돌아가는 귀향인구를 파악하는 것도 가능하겠다. 그러나 이렇게 계산해도 결과의 차이는 그리 크지 않다. 지금껏 큰 도시에서 작은 도시로 이동했던 베이비부머가 그다지 많지 않았기 때문이다.

[도표 15]는 이들 중 30%의 베이비부머가 U턴하는 걸 가정해 얻은 결과다.

일단 빠져나가는 대도시 '유출인구'를 보자. 수도권에서 지방으로 되돌아가는 인구는 모두 130만 명 정도다. 부산에서는 17만 명, 대구 14만 명, 광주 9만 명, 대전 8만 명, 울산 6만 명이 빠져나간다. 그럼 이제 '유입인구'를 살펴보자. 수도권에서 지방 5대 광역시로 유입되는 귀향인구는 6만 명(부산), 3.8만 명(대구), 3.2만

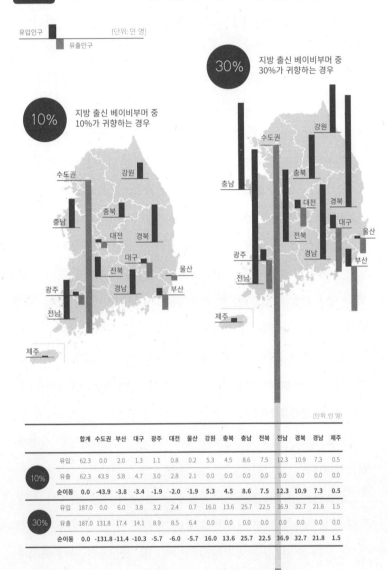

도표 15　베이비부머의 U턴 귀향에 따른 지역별 인구변화 예측[69]

유입인구
（단위: 만 명）
유출인구

30% 지방 출신 베이비부머 중 30%가 귀향하는 경우

10% 지방 출신 베이비부머 중 10%가 귀향하는 경우

（단위: 만 명）

		합계	수도권	부산	대구	광주	대전	울산	강원	충북	충남	전북	전남	경북	경남	제주
10%	유입	62.3	0.0	2.0	1.3	1.1	0.8	0.2	5.3	4.5	8.6	7.5	12.3	10.9	7.3	0.5
	유출	62.3	43.9	5.8	4.7	3.0	2.8	2.1	0.0	0.0	0.0	0.0	0.0	0.0	0.0	0.0
	순이동	0.0	-43.9	-3.8	-3.4	-1.9	-2.0	-1.9	5.3	4.5	8.6	7.5	12.3	10.9	7.3	0.5
30%	유입	187.0	0.0	6.0	3.8	3.2	2.4	0.7	16.0	13.6	25.7	22.5	36.9	32.7	21.8	1.5
	유출	187.0	131.8	17.4	14.1	8.9	8.5	6.4	0.0	0.0	0.0	0.0	0.0	0.0	0.0	0.0
	순이동	0.0	-131.8	-11.4	-10.3	-5.7	-6.0	-5.7	16.0	13.6	25.7	22.5	36.9	32.7	21.8	1.5

명(광주), 2.4만 명(대전), 0.7만 명(울산)으로 나타났다. 하지만 수도권과 지방 광역시에서 지방의 도 지역으로 U턴하는 규모는 매우 크다. 과거 이촌향도의 인구유출이 이들 지역에서 진행되었기 때문이다. 순서대로 나열해보면, 전남(36.9만 명), 경북(32.7만 명), 충남(25.7만 명), 경남(21.8만 명), 전북(22.5만 명), 강원(16.0만 명), 충북(13.6만 명), 제주(1.5만 명) 순으로 유입인구가 생길 수 있다는 결과다. 이를 요약해보면 이렇다.

■ 지방 출신 베이비부머 30%의 U턴 가정
- 전국적으로 187만 명의 귀향인구 발생
- 수도권에서 132만 명 유출
- 전남·경북·충남·경남·전북에는 각각 20~30만 명대의 인구 유입

여기서 두 가지 의문이 생길 수도 있겠다. 먼저 아무리 이촌향도했던 베이비부머들이라지만, 30%씩이나 귀향을 한다는 게 현실적으로 가능하냐는 것이다. 우리나라 40~50대(대도시에서 태어난 이들도 포함)의 40% 정도가 귀농귀촌에 관심을 갖고 있는 상황임을 감안하면 가능하다고 본다. 그래도 힘들다고 보는 의견을 받아들여 30%는 장기적인 목표라 치고, 단기적으로 U턴 인구를 10%로 가정해보자.

■ 지방 출신 베이비부머 10%의 U턴 가정

-전국적으로 62만 명의 귀향인구 발생

-수도권에서 44만 명 유출

-전남·경북·충남·경남·전북에는 각각 10만 명 전후의 인구 유입.

지금까지의 수치는 지방 출신 베이비부머를 대상으로 U턴만 계산한 것이다. J턴과 I턴도 함께 계산해보면 어떨까? J턴의 경우 고향이 아닌 지역으로 이동하는 거라, 예측이 무척 어렵다. 예측을 가능하게 하는 전국 단위의 자료도 없다. 편의를 위해, 방금 계산한 62만 명을 'U턴+J턴'의 합이라 치자.(이건 무척 보수적인 가정이다!) 여기에 수도권·부산·대구·광주·대전·울산 '토박이' 베이비부머들이 지방으로 이동하는 I턴을 추가해보자. I턴의 경우에도 해당 인구의 10%가 움직인다고 치자. I턴 귀향인구만 49만 명이다. 그럼 U턴·J턴·I턴을 모두 합친 효과는? 무려 111만 명의 귀향인구가 발생한다. 이 중 수도권에서 빠져나가는 인구만 81만 명이다. 정리하면 다음과 같다.

■ **지방 출신 베이비부머의 10% U턴+J턴 가정, 대도시 토박이 10%의 I턴 가정**

-전국적으로 111만 명의 귀향인구 발생

-수도권→지방으로 81만 명 이동

귀향이 가지는 국토의 균형적 발전 효과

사람에 따라서는 고작 몇십만 명의 이동으로 무엇이 달라질지 의문일 수도 있겠다. 소멸 위기의 지방도시들을 살리고 균형발전을 이루는 데는 역부족일 거라고 말이다. 그렇지만 이건 지나친 과소평가일 수 있다. '고작' 몇십만 명이라고 볼 게 아니다. 이제까지 숱한 균형발전 정책이 있었지만, 그 정책들이 불과 몇 만의 이동도 가져오지 못했다는 걸 생각하면 더욱 그렇다.

지금까지 정부가 균형발전을 위해 얼마나 많은 노력을 쏟아부어왔던가. 지방의 인구유입을 위해, 혹은 쇠퇴를 막기 위해 제정된 법을 살펴보자. '수도권정비계획법'(1983년 제정) '도서개발 촉진법'(1986년) '농어촌도로법'(1991년) '소도읍법'(2001년) '농어업인 삶의질법'(2004년) '농어촌복지법(2004년)' '국가균형발전법(2004년)' '어촌어항법'(2005년) '기업도시법'(2005년) '혁신도시법'(2007년) '도시재생법'(2013년) '어촌특화발전법'(2013년) '지방대육성법'(2014년) '수산업기본법'(2015년) '지역개발지원법'(2015년) '귀농어귀촌법'(2015년) 등 수많은 법률을 쏟아냈다. 이들 모두 '국토의 균형적 발전'과 직간접적으로 연관된 법들이다.

균형발전을 위해 정부가 쓴 돈도 엄청나다. 균형발전 사업들의 종류가 다양하고, 그 목적도 복합적인지라, 지방살리기에 쓴 예산만 골라내긴 어려운 점이 있다. 하지만 대충 큰 사업들만 따져 봐도 그 규모가 천문학적이다. 역대 정권별로 보자.[70] 노무현 정부에서는 지역혁신체계를 구축하고 지방 분산을 위해 23.11조 원

지방인구의 지속적인 감소(2000~2019)[71]

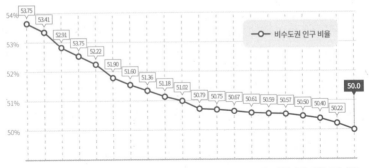

의 돈을 썼다. 이명박 정부에는 광역경제권을 위해, 박근혜 정부에서는 지역행복생활권을 위해 각각 46.42조 원과 29.16조 원의 예산을 사용했다. 문재인 정부에선 색깔 있는 지역발전정책은 보이지 않는다. 박근혜 정부 때의 도시재생사업을 '도시재생뉴딜'이란 이름으로 확대하고 '혁신도시 시즌2'를 진행하겠다고 했지만, 과거 정부 정책을 연속적으로 이어받는 것에 불과하다. 그렇지만 균형발전을 위해 투입되는 예산이 적은 건 아니다. 도시재생을 위한 돈으로 50조 원의 예산을 배정했고, 이 중 상당수가 지방 살리기에 투입될 예정이다. 이 모든 예산을 합하면 무려 150조 원에 달한다. 물론 이게 다는 아니다. 이 통계에 잡히지 않는 자잘한 사업들도 그 수를 셀 수 없을 정도로 많다.

　이 많은 노력의 결과는 어떠한가. [도표 16]을 보자. 2000년 이후로 비수도권 인구비중은 꾸준히 감소되어왔다. 국토의 균형적 발전을 위한 단군 이래 최대 사업이었던 세종시와 10개 혁신도시 사업을 보자. 그곳들로의 공공기관 이전이 가장 활발했던 2013~2016년 동안에도 '수도권→지방'의 순이동은 5만8000명 정도에 불과했다. 하지만 불과 몇 년이 지나 이 추세도 멈췄다. 2017년에는 1만5000명 정도의 '지방→수도권' 순이동이 있었다.[72] 10개의 혁신도시 사업이 마무리 되어가는 상황에서도 지방의 인구감소세는 멈추지 않고 있다.

세종시 인구가 30만 명을 넘어섰다. 하지만 이들은 수도권으로부터 옮겨온 것이 아니다. 대부분은 세종시 주변지역에 살던 사람들이다. 세종시 인구의 60% 정도는 대전시와 충청남·북도의 인근도시에서 왔다. 그 어떤 도시들보다 세종시 건설로 인해 직격탄을 맞은 건 대전시이다. 지난 5년 동안 세종시로 이동한 대전시민만 10만7000명이 넘는다.[73] 이렇듯 국토의 균형발전을 위한 사업들이 본래의 취지를 달성하지 못하고, 도리어 지역 내 균형발전을 저해하고 있다. 이런 상황 속에서 수도권은 자신의 위치를 확실하게 굳혔고, 그 힘은 더욱 세져가고 있다.

솔직히 인정하자. 이제까지의 균형발전 정책들은 엄청난 비용을 들이고 사회적 논란까지 일으키는 거창한 것들이었지만, 효과적이지는 못했다. 어떤 이유에서였을까? 균형발전의 핵심은 인구에 있는데, 정책들이 계속해서 '사람'이 아니라 '지역'에 초점을 맞췄기 때문이다. 지방으로 옮겨갈 사람이 없다면, 지역에 아무리 많은 투자를 한다고 해도 구멍 난 독에 물 붓기다. 그렇기에 이제는 방향을 바꿔서 실제로 지방으로 옮겨갈 수 있는 사람들을 위한 정책을 마련해보자고 제안하는 것이다.

베이비부머들의 귀향은 인구축소를 넘어 소멸을 고민하고 있는 지방에 상당한 영향을 미칠 것이다. 베이비부머들의 귀향욕구가 정교한 정책 설계와 맞물린다면 지방의 미래가 그리 어둡지만은 않은 것이다. 특히 베이비부머의 은퇴와 귀향이 지역경제 발전의 새로운 기회가 될 수 있다는 점에서 희망적이기도 하다. 지방 이주를 촉진하기 위해 어떤 정책들이 사용될 수 있는지, 이어지는 2부에서 자세히 살펴보도록 하자.

베이비부머의 귀향이 늘면 '소멸위험지수'도 달라져야

「한국의 지방소멸 2018」을 발표한 이상호 박사는 소멸위험 지수를 활용해 지방의 위기를 설파했다. 『지방소멸』의 저자 마스다 히로야가 고안한 소멸위험지수는 아래의 식처럼 직관적으로 이해하기 쉬운 아주 단순한 지표다. 값이 작을수록 젊은 인구가 적다는 뜻이 되니, 그만큼 그 지역이 지속가능하지 않다는 걸 의미한다는 것이다.

$$\blacksquare\,소멸위험지수 = \frac{20{\sim}39세\ 여성인구}{65세\ 이상\ 고령인구}$$

마스다 히로야는 이 값이 0.5 이하이면 소멸위험지역으로 분류했다. 하지만 우리나라의 소멸위험지역은 일본보다 훨씬 상황이 좋지 않다. 그래서 이상호 박사는 이를 더 세분화해, 0.2~0.5이면 '소멸위험진입 단계', 0.2보다 작으면 '소멸고위험지역'으로 분류했다. 소멸위험지수가 0.2보다 작다는 건 젊은 인구가 적어도 너무나 적은 지역이라는 뜻이다. 특단의 묘책이 없다면 앞으로 인구증가를 기대하기 어려운 곳이란 뜻이다. [도표 17]은 89곳(소멸위험진입 단계 11곳+소멸고위험지역 78곳)의 소멸 위기 지역을 보여주고 있다.

그렇지만 앞으로 은퇴한 고령자의 귀향이 늘어난다면, 소멸위험지수는 지역의 '실제' 소멸 가능성을 나타내는 데 유효

도표 17 소멸위험진입 단계 지역과 소멸고위험지역

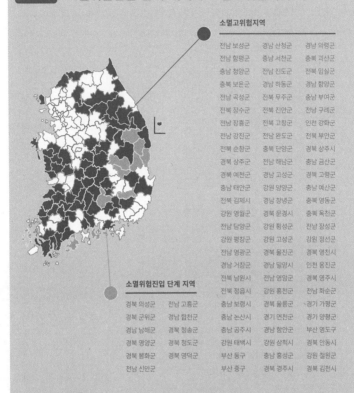

소멸고위험지역

전남 보성군	경남 산청군	경남 의령군
전남 함평군	충남 서천군	충북 괴산군
충남 청양군	전남 진도군	전북 임실군
충북 보은군	경남 하동군	경남 함양군
전남 곡성군	전북 무주군	충남 부여군
전북 장수군	전북 진안군	전남 구례군
전남 장흥군	전북 고창군	인천 강화군
전남 강진군	전남 완도군	전북 부안군
전북 순창군	충북 단양군	경북 상주시
경북 상주군	전남 해남군	충남 금산군
경북 예천군	경남 고성군	경북 고령군
충남 태안군	강원 양양군	충남 예산군
전북 김제시	경남 창녕군	충북 영동군
강원 영월군	경북 문경시	충북 옥천군
전남 담양군	강원 횡성군	전남 장성군
강원 평창군	강원 고성군	강원 정선군
전남 영광군	경북 울진군	경북 영천시
경남 거창군	경남 밀양시	인천 옹진군
전북 남원시	전남 영암군	경북 영주시
전북 정읍시	강원 홍천군	전남 화순군

소멸위험진입 단계 지역

경북 의성군	전남 고흥군	충남 보령시	경북 울릉군	경기 가평군
경북 군위군	경남 합천군	충남 논산시	경기 연천군	경기 양평군
경남 남해군	경북 청송군	충남 공주시	경남 함안군	부산 영도구
경북 영양군	경북 청도군	강원 태백시	강원 삼척시	경북 안동시
경북 봉화군	경북 영덕군	부산 동구	충남 홍성군	강원 철원군
전남 신안군		부산 중구	경북 경주시	경북 김천시

하지 않을 수 있다. 소멸위험지수는 인구의 '자연적 증감'에만 초점을 맞춰져 있기 때문이다. 베이비부머의 귀향은 사회적 인구증가와 관련이 된다. 귀향인이 많아지면 고령자가 늘어 소멸위험지수는 더욱 낮아질 수 있지만, 인구가 늘기에 지역의 생존가능성은 더욱 높아지게 된다. 앞으로는 사회적 인구이동을 고려한 소멸위험지수의 개발도 필요할 것이다.

일본의 고령자 이주정책과의 차이

일본에서도 고령자를 지방으로 이주시키고자 하는 비슷한 정책이 있었다. '일본창성회의'라는 민간 연구기관이 있다. 지방소멸을 예고한 '마스다 보고서'를 출간한 유명한 곳이다. 이 연구기관은 일본 정부에 75세 이상의 고령자를 도쿄권에서 지방으로 옮겨야 한다고 조언했다. 도쿄권은 고령자가 너무 많아 의료시설과 의료인력이 크게 부족하지만, 지방은 여유로운 곳이 많다는 게 핵심적인 이유다. 실제로 도쿄권은 요양원이 매우 부족하다. 게다가 가격도 매우 비싸다. 싼 곳도 입주금 1억 원에 매달 200만 원 정도는 내야 한다. 이 가격에도 불구하고 요양원을 가기 위해 평균 4~5년 정도는 기다려야 한다. 심지어 길게는 14년을 기다리는 사람도 있다. 요양받길 기다리다 죽음을 맞이할 판이다. 사회적 문제도 심각하다. 연로한 부모님의 병수발을 들기 위해 퇴직하는 직장인도 매해 10만 명에 이른다고 한다.[74]

상황이 이러하니 일본 정부는 일본창성회의의 조언을 받아들였다. 아베정부는 '지방창생 기본방침'에 '지역 관광진흥방안'과 동시에 '고령자 지방이주 촉진'을 포함했다. 고령자를 받는 지자체에 재정적 지원도 했다. 이를 위해 '신형교부금' 항목도 만들었다. 이 교부금으로 의료와 간호, 생활시설 비용

을 보조해주고 있다.[75]

일본의 한 언론은 47개 광역지자체장들을 대상으로 '노인 지방이주 정책'에 찬성하는지 물었다. 찬성은 13명이었고 6명은 반대했는데, 찬반을 밝히지 않은 28명의 단체장도 우려하는 쪽이었다. 비판하는 쪽에서는 "고령자를 받으면 지역의 재정 부담이 증가할 것이다" "고령자는 자신이 살던 익숙한 지역에서 최후의 순간을 맞는 게 좋다" "노인 지방이주 정책이 '현대판 고려장'과 뭐가 다르냐"는 비판도 있었다.

반면 이 책을 통해 역설하는 중고령자의 지방이주는 일본의 경우와는 크게 다르다. 먼저, 일본의 노인 지방이주는 도쿄권의 부족한 의료시설 및 인력, 간병문제를 해결하는 대안으로 등장했다. 그러나 우리의 경우는 상황이 매우 다르다. 우리나라 지방의 의료 및 간병 서비스는 도시에 비해 열악하다. 그러니 지방에서 간병을 받을 수 있다는 명목으로 진행되는 이주정책은 전혀 실효성이 없다.

둘째로, 일본에서 고령자 이주는 '간병을 받아야 하는' 인구에 초점이 맞추어져 있다. 매우 고령화된 인구이다. 그러니 이들은 지방경제에 큰 도움을 주지 못할 가능성이 크다. 반면에 이 책에서 강조하는 이주 집단은 베이비부머인 46~65세의 인구층이다. 앞서 언급한 바와 같이, 지방의 일부 지자체에서는 중위연령이 60세에 다다랐다. 귀향 베이비부머들은 이런 고령화된 지역에서는 거의 '청년'급이다. 또한 이들은 기회만 주어진다면 향후 10~30년 정도는 너끈히 일할 능력도 가졌다.

셋째로, 일본의 이주정책은 연고지로 향하게 하는 게 아니다. 의료와 간병에 여력이 있는 지자체가 대상이다. 반면에 이책에서 말하는 이주지는 '고향'이다. 최종 정착지가 낯선 곳이아니란 뜻이다. 그러니 '가능한 익숙한 곳에서 여생'을 보내고, '마지막까지 익숙한 곳에서 존엄한 삶'을 살아야 한다는 '살던곳에서 나이 들기Aging in Place, AIP'의 이념을 실현할 수도 있다.

2부

귀향을 위한
맞춤형 설계

베이비부머가 떠나야
모두가 산다

4장

베이비부머의 귀향길에
놓인 장애물들

행복한 베이비부머의 세 가지 요건

베이비부머는 한국 현대사의 큰 줄기를 만들어온 주인공들답게 뒤도 돌아보지 않고 숨가쁘게 달려왔다. 한 베이비부머가 문학평론가인 고영직 씨와 나눈 대화를 들어보자. "태어나서 대학 가고 취업하고 결혼한다는 것이 마치 컨베이어 벨트에 올라타는 것 같았어요. 결혼해서 애 낳으면 학교도 보내야 하고 집도 사야 하죠. 그러면 '어? 내 삶이 이렇게 가는 게 맞나?' 하는 생각이 들지만 내릴 수는 없었어요. 계속 나를 밀고 옵니다. 그러다 정년이 딱 되면 강제로 컨베이어 벨트에서 내리게 되죠."[1]

은퇴의 순간이다. 고령자에 대한 사회복지제도가 미흡한 우리나라에서 은퇴는 큰 스트레스를 유발한다. 자녀의 취업·혼인을 앞두고 있는 상황에서는 더더욱 그러하다. 게다가 은퇴 이후에 무

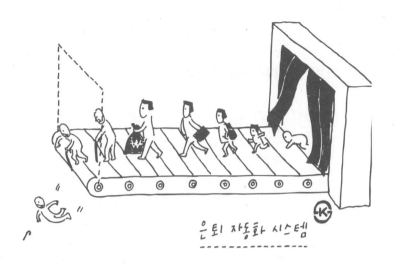

은퇴 자동화 시스템

엇을 해야 할지 모르는 상황은 소득 감소라는 스트레스를 더욱 가중시킨다. 은퇴자 대상 설문조사에 따르면 은퇴 후에 은퇴 전보다 만족한다고 응답한 사람은 8%에 그쳤다. 반면에 은퇴 후 삶이 더 못해졌다고 응답한 사람은 55% 정도였다.[2]

이런 상황에서 귀향이 어떻게 사람들을 행복하게 만들 수 있을까? 이에 대한 답을 말하기 전에, 행복에 영향을 주는 요인에 대해 잠시 얘기해보려 한다.

행복에는 수많은 영향 요인들이 있다. 나이, 자녀, 결혼 여부, 소득, 사회적 관계, 직업, 사는 곳, 주택소유 여부… 끝도 없다. 여기서 질문 하나. 행복감에 가장 큰 영향을 주는 요인은 뭘까? 답을 얘기하기에 앞서, 행복감을 높이는 데도 순서가 있다는 점을 강조하고 싶다. 에이브러햄 매슬로의 욕구단계설Maslow's hierarchy of needs

처럼 말이다. 매슬로는 인간의 욕구를 생리적 욕구, 안전 욕구, 소속 및 애정 욕구, 존경 욕구, 자아실현 욕구의 5단계로 구분했다. 가장 긴급한 것에서부터 덜 긴급한 순서다. 1단계를 거치지 않고는 다음 단계로 나아가기 힘들다. 아사 직전에 있는 사람들이 '존경받고 싶다, 자아를 실현하고 싶다'는 생각이 좀처럼 들지 않는 것처럼 말이다.

아니나 다를까, 기존 문헌들이 밝히고 있는 행복에 가장 결정적인 요인은 '돈'이다. 소득·일자리 등과 같은 경제적 요인이 행복감에 매우 강한 영향을 미치고 있었다. '돈', 이거 무시할 게 아니다. 우리나라 사람들은 세계에서 두번째로 돈이 많은 빌 게이츠 회장을 가장 행복한 사람일 것이라 꼽았다. 무려 30% 정도가 그렇게 답했다. 24%는 자기 자신이 가장 행복하다고 대답했고, 17% 정도만이 달라이 라마가 가장 행복한 사람일 거라 응답했다.[3] 13세 이상 인구를 대상으로 통계청이 조사한 '직업 선택 요인'에서 가장 많았던 답(복수응답 가능)은 수입(81%)이었다. 적성 및 흥미(46.2%), 보람 및 자아성취(25.9%)에 비해 크게 높은 수치다.[4]

분명히, 돈은 행복에 필수다. 하지만 유의하자. 돈이 많아진다고 무한히 행복해지진 않는다. 실제로 조사를 해보면 500만 원을 버는 가구원이나 1000만 원을 버는 가구원이나 소득이 주는 행복감에는 그다지 큰 차이가 없다. 삼성그룹 부회장 이재용 씨의 재력을 너무 부러워하진 마시라. '소득이 행복에 미치는 영향'에 관한 한, 많은 수의 독자들이 이재용 씨와 별반 차이가 없다. 어느 정도 벌면, 기를 쓰고 더 벌 필요가 없다. 그때부터는 다른 행복요인

나는 [고독한] 자연인이다.

을 찾아 나서야 행복감을 높일 수 있다.

소득 말고도 없으면 사람을 불행하게 만드는 요인으로 두 가지를 더 꼽아보자. 하나는 '타인과의 관계'이다. 고립된 사람, 그래서 외로운 사람은 행복하지 않다. 아무리 산더미처럼 돈을 쌓아두어도, 대궐 같은 저택에 살아도, 다른 이들과의 관계가 좋지 못한 이들은 행복하지 않다. 〈나는 자연인이다〉라는 TV프로그램이 있다. 한국인이 좋아하는 TV 프로그램 10위 안에 들어갈 정도로 인기가 많다. 경쟁사회를 떠나 자연을 벗삼은 사람들의 모습은 참으로 평온하고 행복해 보이기까지 한다. 그런데 그분들이 진짜로 행복할까? 뭐, 그런 분들도 있을 것이다. 하지만 이것만은 기억해두자. 그리도 그리던 자연 속으로 들어가도, 홀로 고립되어 사는 사람들의 행복감은 그리 오래가지 않는다. 희대의 명작 『월든』의 저자인 자연예찬론자 헨리 데이비드 소로Henry David Thoreau는 월든 호숫가에서 혼자 살며 "인간의 주요 목적은 무엇이고 인생을 살아가는 데 필요한 수단은 무엇인가?"라는 근원적인 질문을 했다.[5] 그리고 이 책을 통해 '단순' '소박' '자족적 삶'의 소중함을 역설했다. 하지만 그가 월든 호숫가에 머문 시간은 딱 2년 2개월 2

일밖에 되지 않는다. 그는 1847년 9월 숲을 떠난 후, 생을 마감한 1862년까지 다시 그곳으로 돌아가지 않았다. '자연과의 대화'보다 더 중요한 게 '타인과의 대화'라는 걸 깨달은 건 아닐까.

나이 든 은퇴자의 경우도 '관계'가 너무나 중요하다. '배우자가 있고', '기혼인 자녀와 동거하고 있는' 은퇴자들의 행복감은 그렇지 않은 경우에 비해 월등하게 높다.[6] 특히 주변 사람들과의 지속적인 교류가 행복감에 큰 영향을 준다. 사실이 이럴진대, 현실에서 은퇴자의 취미는 기껏해야 등산이나 낚시로 수렴한다. 돈도 많이 들지 않고, 친구 없이 혼자서도 할 수 있기 때문이다. 하지만 등산과 낚시의 뒤끝은 황량하고 허망한 경우가 많다. '나는 누구' '여긴 어디'에 대한 숙고의 시간일 가능성이 높기 때문이다. 인간은 사회활동을 지속해야 타인과의 관계 속에서 자신의 쓰임새를 확인할 수 있다. 밖으로 나가 타인과 부딪히며 희로애락을 함께 해야 한다. 그래야 '내가 누구인지'를 정의할 수 있다.

세상을 다 가져도 이게 없으면 '말짱 도루묵'이 되는 또 하나의 요인은? 바로 '건강'이다. 건강이 행복에 미치는 영향은 실로 막강하다. 〈나는 자연인이다〉 프로그램의 애청자는 주로 도시생활에 지친 중장년층 남성이다. 프로그램의 주요 컨셉은 '힐링'. 말기 암 판정을 받은 사람, 빚쟁이에 시달려 자살을 결심한 사람, 사업에 실패해 무일푼이 된 사람 등 사연도 다양하다. 하지만 저마다의 사연에도 불구하고, 유심히 보면 하나의 공통점이 드러난다. 병을 고치기 위해, 혹은 상처받은 마음을 치유하기 위해서다. 고립된 환경에 처한 사람들은 행복하기 힘듦에도 불구하고 이들이 산 속에 간 이유다. 신체적이든 정신적이든 '건강'을 잃었기에, 그래서 모든 걸 잃어버렸기 때문이다.

정리하자면, 행복에 관한 기존 연구의 결과는 크게 '경제적 여유' '타인과의 관계' '건강'으로 수렴된다. 은퇴했거나 은퇴를 앞둔 베이비부머도 마찬가지다. 보험연구원의 설문조사에 따르면, 노후생활에 있어 가장 불안하다고 느끼는 부분은 '소득감소 및 물가상승 등에 따른 경제적 위험'(53.6%)과 '의료비 및 신체기능 장애 등 건강과 관련된 위험'(41.3%)의 두 가지였다.[7] KB금융지주 경영연구소 조사에서는 행복한 노후를 위해 가장 중요한 요인으로 건강(35.2%)이 꼽혔다. 그 다음으로는 경제적 여유(28.5%)와 가족 및 지인과의 관계(14.2%)를 들고 있다.[8]

사실 이 세 가지는 고령자가 겪는 어려움으로 오래전부터 회자돼온 것들이다. 노년기의 4고苦로 흔히 빈고貧苦, 고독고孤獨苦, 무위고無爲苦, 병고病苦를 꼽는다. 빈고는 가난으로 인한 고통이다. 고독고와 무위고는, 외로움으로 인한 그리고 사회적 역할을 잃어버려 발생하는 고통이다. 마지막으로 병고는 나이가 들어 겪게 되는 만성질환으로 인한 고통이다. 이 네 가지 고통 또한, 지금까지 얘기한 세 가지 행복요인(경제·관계·건강)의 결핍에서 오는 것이다.

고향이 그리운 사람들의 목소리

귀향을 꺼리는 이들은 고향이 경제활동을 하기에 어렵고, 사람을 만나기도 힘들고, 건강을 관리하기에 부족하다고 생각하는 건 아닐까? 베이비부머들의 귀향을 촉진하기 위해서는 지방도시에서 이런 행복 요인들을 충족시킬 수 있도록 해야 한다.

베이비부머들의 귀향욕구, 그리고 그런 욕구를 좌절시키는 걸림돌에 대해 보다 심층적으로 알아야 한다. 그래서 심층 인터뷰를 하기로 했다. 대상자는 귀향 예정자 한 분(A씨), 귀향 희망자 한 분(B씨), 귀향을 실천한 세 분(C씨, D씨, E씨)으로, 모두 다섯 분과 5회에 걸쳐 인터뷰를 진행했다. 이들 마음속에 자리 잡은 고향에 대한 그리움, 그리고 그들이 생각하는 귀향의 걸림돌을 확인해보는 과정이었다. 비교적 단순하게 질문했다. '은퇴 후 가장 걱정되는 것은?' '귀향하고 싶어 하는(한) 이유는?' '(귀향 경험이 있다면) 떠나온 곳과 정착한 곳에 대한 평가는?' '(귀향을 하지 않았다면) 지금 살고 있는 곳과 가고 싶은 곳에 대한 평가는?' 등등이 주된 질문의 내용이었다.

독자들도 잘 알겠지만, 다섯 분의 대상자들이 베이비부머 전체를 대표하지는 못한다. 인터뷰의 목적은 이들의 얘기가 맞는지 틀린지를 감별하는 게 아니다. 베이비부머들에 대한 여러 기존 연구에서 접했던, 귀향에 관한 여러 이야기들을 조금 더 생동감 있는 언어로 재확인하는 과정이었다.

이 베이비부머들은 사회 초년병 시절 농촌을 떠나 도시로 향한 이들이다. 이들에겐 뚜렷한 공통점이 있었다. 마음속에 '떠나온 고향'과 '새로 정착한 대도시' 사이엔 확실한 경계가 있었다. 도시로 온 건 스스로의 선택이었다. 하지만 도시에서 마음이 편했던 건 아니다.

"서울은 제게 땀 흘려 돈을 버는 곳이에요. 우연찮게 와서 생활의 터전이 된 곳이죠. 먹고 살기 위한 생존경쟁이 치열한 곳이었고요. 정말 스트레스가 많았어요. 전화벨만 울려도 뭔가 일이 잘못되었는지 가슴이 덜컹 내려앉았어요. 매 순간이 긴장의 연속이에요. 저는 서울에서 오래 살았지만, 서울을 잘 몰라요. 먹고살기 바빠서 가본 데가 별로 없어요. 현충원도 얼마 전에 다녀왔어요. 남대문에 가본 것도 최근 일이고요."(B씨)

또한 이들에게 귀향은 '자녀의 독립'과 맞물려 있었다. 대략 50대 중반 즈음해서다. 그리고 이들의 귀향 욕구는 기존 문헌에서 확인했던 것보다 강했다.

"내년에 아들이 장가를 가고, 딸이 준비하던 시험을 마지막으로 봐요. 시험에 합격하게 되면, 2년 정도 직장생활을 더 할 예정이에요. 이르면 내년 하반기에 고향으로 내려갈 것 같아요. 어머니 건강이 많이 신경이 쓰이거든요."(A씨)

"아직 애들이 크고 있으니까 우선 여기서 열심히 돈을 벌 예정이에요. 제가 해줄 수 있는 만큼 해주고 싶거든요. 애들이 어느 정도 크면 여기서 터를 잡을 수 있도록 집을 마련해줄 거예요. 그건 제 목표인 것 같아요. 그 목표가 달성된 후에 저는 고향으로 내려가 살고 싶어요."(B씨)

고향을 생각하는 마음도 컸다. 한 참여자는 목멘 소리로 이렇게 말하기도 했다.

"저는 '전라북도'라는 지역이 절 키워줬다고 생각해요. 은퇴 후에는 전라북도를 위해 뭔가를 하고 싶죠. 서울에 있으면서 정말 치열하게 살았거든요. 여러 가지 일도 해보고, 자격증도 꽤 많이 취득하게 됐어요. 여기서 배운 것을 가지고 지역사회를 위한 보탬이 될 수 있는 사람이 되고 싶어요. 어차피 제가 가진 돈을 다 쓰고 죽지도 못할 텐데, 자녀에게 주고 나머지는 전라북도를 위해서 쓰고 싶다는 생각이 많이 들죠."(A씨)

이들과의 대화는 귀향정책을 구상하는 데 큰 도움을 주었다. 이들은 고향을 생각하며, '경제적 부담' '사회적 관계의 소멸' '의료서비스 부족'에 대한 우려를 들려주었다. 정책 입안자들이 귀담아 들어야 할 이야기들이 많았다.

그렇다면 중앙정부와 지자체가 귀향을 촉진하기 위해 어떠한 노력을 기울일 수 있을까? 귀향정책의 방향은 크게 세 가지이다. 하나는 '경제적 문제'에 관한 것이다. 귀향을 한 이들이 구체적으로 어떤 일을 할 수 있을지(5장), 또 그들의 부담을 덜어주기 위해 어떤 제도들이 강화되어야 하는지(6장)에 대해 얘기할 것이다. 둘째는 '사회적 관계 조성'에 대한 것이다.(7장) 여기에서는 귀향인이 지역주민들과 어울릴 수 있도록 거주여건을 조성해야 함과, 지방대학들의 역할에 대해 논의했다. 셋째는 '건강을 챙길 수 있는 고향'에 대한 것이다.(8장) 지방의 의료시스템을 개선하기 위한 정책의 방향을 논의했다. 이와 더불어 '귀향 촉진을 위한 지자체의 역량강화' 방안(9장)에 대해서도 논의했다. 이 논의에는 '지자체 기초연금 부담의 경감' '고향사랑 기부제의 활성화' 등이 포함돼 있다.

그런데 여기엔 일자리, 세금, 주택, 의료, 세금, 대학 정책 등 다양한 분야가 얽혀 있다. 서론에서도 강조했듯이, 한 부분이 다른 부분과 맞물려 있으면 정책의 영향이 의도치 않은 방향으로 튈 수도 있다. 각각의 정책이 서로 얽히고설켜 있기에 귀향정책은 조금 더 심도 깊은 연구가 필요한 상황이다. 이 책은 그래서 구체적이고 세밀한 귀향정책을 제안하기보다 우선 정책의 큰 방향을 제시하는 쪽에 역점을 두고 있다는 걸 미리 밝혀두고자 한다.

5장

귀향을 통한
베이비부머 이모작 프로젝트

귀향을 통한 이모작 사회

이 책 제1부의 핵심 내용은 '베이비부머가 일을 해야 모두가 산다'는 것, 하지만 젊은층과 일자리 경쟁을 하면 안 되며, 그래야 대도시에서 청년이 밀려나지 않는다는 것이다. 이를 위해서는 세대간 분업 전략이 필요하며, 여기에 세대간 공간 분화가 연결된다. 베이비부머의 귀향을 통해서 말이다. 청년에게 적합한 일자리가 대도시로 모여들고 있는 상황이니 공간 분화의 필요성은 더욱 높아져 간다. 베이비부머가 귀향하면 일자리를 두고 서로 경쟁할 일도 없다.

우리 경제의 성장이 둔화돼고, 양질의 자리가 지속적으로 쪼그라들고 있는 상황에서 분업을 통해 일자리를 나누자고? 어떤 이들에겐 황당한 이야기로 들릴 수도 있겠다.

일자리 감소의 원인에 대한 전문가들의 진단은 크게 두 가지이다. 첫째로 전세계적으로 성장의 둔화가 지적되고 있다. 그럼 왜 성장이 둔화될까? 전세계적인 '공급 과잉'이 그 원인이다. 개발도상국들이 산업화와 경제발전에 박차를 가하면서 수요 이상으로 공급이 넘쳐나는 것이다. 둘째는, 기술발전이 일자리를 줄이고 있다는 시각이다. 로봇이 노동을 대신하니 일자리는 줄어들고, 그래서 소비가 줄고, 덩달아 생산도 위축되고 있다. 단기적으로는 '고용 없는 성장'이 나타날 수 있지만, 장기적으론 고용도 없고, 성장도 없어질 거라는 우려가 나오고 있다.

이런 일자리 난국을 타개하기 위해 우리는 어떤 노력을 할 수 있을까? 이에 대한 전문가들의 의견은 크게 갈리고 있다. 이 책은 경제서가 아니니 짧게만 요약하도록 한다. 하나는 '소득주도성장', 또 다른 하나는 '혁신성장'이다. 두 측의 얘기를 모두 들어보자.

먼저, '소득주도성장'을 주장하는 사람들은 경제난국의 이유가 '수요' 쪽에 있다고 본다. 일자리가 줄어드는 이유는 사람들이 소비를 하지 않기 때문이라는 것이다. 소비자가 돈을 안 쓰니 공장을 돌리기 어렵다. 소비를 하지 않는 이유는 소득이 변변치 않기 때문이다. 이때 등장하는 경제정책이 케인스식 처방이다. 케인스는 경제가 위축되는 원인을 유효수요effective demand의 부족으로 봤다. 쉽게 말해 사람들이 물건을 살 돈이 없는 거다. 그러니 사람들 손에 더 많은 돈을 쥐어주면 소비가 늘어나 경제가 살아날 거라는 이야기다. 수요를 강조하는 이들은 '임금 상승→소비 증가→투자

증가→일자리 증가'의 흐름으로 경제가 살아날 거라 믿는다.

이런 정책 방향에서는 특히 가난한 사람들의 임금을 높이는 게 중요하다. 정말 궁하게 살던 사람들은 풍요롭게 살았던 사람들보다 임금이 늘어났을 때 소비를 늘리는 비율이 크기 때문이다. 소득주도성장을 중시하는 사람들은 그래서 가난한 상태로 은퇴하는 베이비부머에 대한 우려가 크다. 소득이 변변치 않으니 이 또한 투자의 감소로 이어질 거라 전망한다. 이게 바로 정부가 고령자 일자리 마련에 힘을 쏟고 있는 이유이다.

한편 일자리를 늘릴 또 하나의 해법은 '혁신성장'이다. '혁신'을 주장하는 사람들은 경제난국의 원인이 '공급' 쪽에 있다고 본다. 이들 또한 케인스식 진단과 마찬가지로 수요가 포화상태라 보고 있다. 기술의 발달로 기계가 상품을 쏟아내고 있으니, 어느 순간엔 더 이상 물건을 살 사람들이 없어지는 거다. 이에 대한 해법은 기존의 상품을 대체할 새로운 상품을 만드는 것으로, 슘페터식 처방이다. 새로운 걸 만들기 위해서는 기존 걸 완전히 바꿔 새롭게 하는 '혁신'이 필요하다. '마차를 아무리 연결한다고 해도 기차가 되는 건 아니다'는 슘페터의 말처럼, 겉모양만 쪼끔 바꿔서는 안 된다. "바꿔 바꿔 세상을 다 바꿔"란 노래 가사처럼 완전히 새롭게 바꿔야 한다. 애플과 테슬라가 사람들이 깜짝 놀랄 만한 전화기와 자동차를 만드는 것처럼 말이다. 페이스북은 연결의 혁명을 이루었고, 아마존은 유통 혁명을 주도하고 있다. 이런 혁신기업들은 새롭게 수요를 만들어낸다. 그러니 혁신기업이 많아지면, 수요가 포화되는 일은 없고 경제는 계속 성장할 수 있다.

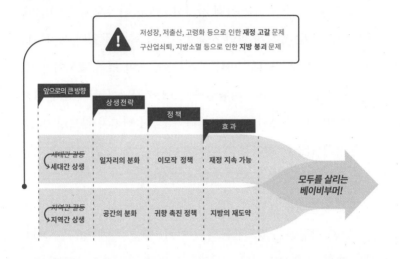

도표 18 베이비부머의 귀향이 가져오는 효과

양측의 이야기를 정리하면 이렇다. 케인스식 정책은 '수요가 공급을 창출'하는 것이고, 슘페터식 정책은 '공급이 수요를 만들어내는' 것이다. 두 이론이 완전히 상충관계에 있는 건 아니다. 수요와 공급이 물고 물린다는 걸 고려하면 두 이론 다 타당성이 있다. 이 두 정책이 상충관계인지 보완관계인지에 대한 논의는 이 책의 주제가 아니니 논의하지 않도록 한다. 여기서 강조하고 싶은 건, 소득주도성장도 좋고 혁신성장도 좋지만, 공간에 대한 이해가 없는 두 정책 모두 실패할 가능성이 높다는 점이다. 도시학자의 관점에서 볼 때 '왜 소득주도성장의 약발이 잘 먹히지 않는가?' '왜 혁신성장이 이리도 어려운가?'에 대한 대답은 하나로 수렴한다. 베이비부머가 대도시를 고집하고 있기 때문이다! 소득주도성장을 주장하는 사람들은 베이비부머가 대도시에 머물러 있기에 세대간 불평등이 생기고 있음을 이해해야 한다. 반면에 혁신성장을 주장하는 사람들은, 베이비부머가 대도시를 떠나지 않기에 청년들의 진입이 어렵고, 이에 따라 혁신성장도 어렵다는 걸 제대로 이해해야 한다.

베이비부머의 귀향 프로젝트가 범국가적인 차원에서 진행된다면, 이는 소득주도성장과 혁신성장을 이끌어 일자리 창출에 기여할 것이다. 귀향이 일자리를 만드는 메커니즘은 다음과 같다.

■ 대도시가 혁신성장의 터로 변화하고 있다. 하지만 청년들은 도시 외곽으로 밀려나는 중이다.

■ 베이비부머의 귀향은 대도시 부동산 가격을 낮춘다.

■ 대도시 외곽으로 밀려나고 있던 청년들이 대도시로 진입하기 시작한다.

■ 대도시 혁신산업의 성장은 다른 유관 산업의 성장을 이끈다.

이런 혁신성장의 메커니즘은 자연스럽게 소득주도성장을 이끌 수 있다. 가계의 부담을 줄이고 소득을 높이기 때문이다. 베이비부머의 귀향은 자신들의 주거비뿐만 아니라 청년들의 주거비도 경감시키기 때문이다. 또한 대도시 기업의 부담이 완화되고 청년 고용이 늘어나니, 이에 따른 소득 증대 효과도 있다. 거기다 대도시 혁신산업의 성장은, 지방에 위치한 산업체들의 성장을 이끌 수 있다. 일자리 창출을 위한 귀향 프로젝트는 이렇게 국토 전반에서 '세대간 윈윈'과 '지역간 윈윈'을 이끌어낼 수 있다.

귀향한 베이비부머의 일자리는 어디 있을까

4차 산업혁명 시대의 혁신산업은 인공지능과 ICT기술이 접목된 형태로 나타날 것이다. 이런 혁신산업에는 창의적인 젊은 인재들이 필요하다. 혁신산업은 대도시로 집중될 것이고 일자리를 쫓는 젊은이들의 대도시 이동도 멈추지 않을 것이다. 대도시는 이들을 받아들이며, 문화·교육·교통 인프라를 재정비해야 하며, 이런 도시적 환경 속에서 창의적이고 혁신적인 사고는 더욱 큰 싹을 틔울 것이다.

그럼 지방 중소도시의 일자리는 어떻게 재편될까? 본격적인 설명에 앞서, 독자들이 염두에 두어야 할 사실이 있다. 여기서 얘기하는 공간의 분화는 대도시엔 모두 청년들이 거주하고, 중장년층 이상은 모두 중소도시나 시골로 모이는 '모 아니면 도'식의 분화가 아니다. 우리나라에서 '0세~49세' : '50세 이상'의 비율은 얼추 6:4 정도다. 앞으로 10년 정도 지나면 이 비율은 5:5가 될 것이다. 여기서 핵심은 대도시로 갈수록 젊은이들의 비중이 높아져야 한다는 것이다. 예를 들어 100만 이상 도시의 경우, '0~49세:50세 이상'의 비율이 65:35, 30~100만 도시는 55:45, 10~30만 도시는 45:55, 10만 미만 도시는 35:65 식으로 말이다. 귀향프로젝트가 진행되면, 도시도 위계에 따라 이런 식으로 인구구조가 바뀔 것이다.

인생 이모작을 위한 지방의 일자리로는 어떤 게 있을까? 지방에 남는 일자리가 있으니 베이비부머들이 빨리 가서 골라잡으라는 게 아니다. 알다시피, 현재 지방엔 양질의 일자리가 많지 않다. 그래서 가장 필요한 것 중 하나가 베이비부머들이 일할 만한 일자리를 설계하는 일이다. 그렇게 귀향 프로젝트가 진전되어 일단 많은 베이비부머들이 귀향하면, 그래서 사람들이 모이면 일자리는 자연스레 생긴다. '정부가 일자리를 귀향을 돕는 하나의 유인으로 활용하면' 더 많은 사람들이 모이고, 이에 따라 일자리는 더욱 늘어날 것이다.

베이비부머를 위한 일자리로 상정해볼 수 있는 것은 크게 네 가지이다.* 첫째, 제조업 일자리에 참여하는 것이다. 둘째, 고령친화 서비스업 중심의 일자리이다. 셋째, 지역참여형 일자리이다. 넷째, 농촌지역의 귀농 관련 일자리이다.

은퇴자를 위한 '귀농 관련 일자리'는 너무나 많은 책들에서 소개하고 있다. 그러니 여기서는 간단히만 언급하고 넘어가려 한다. 주지할 것은 농촌지역이 초고령화됨에 따라 농사를 포기하는 노인들이 많아지고 있고, 일부를 베이비부머들이 이어받고 있다는 점이다. 이들은 이전보다 부가가치가 높은 작물을 키우고, 최신의 영농기술을 이용해 농사를 짓고 있다. 최근 정부는 귀농·귀촌 실태조사를 통해 귀농인들의 가구소득 실태°를 발표했다. 이 조사에 의하면 귀농인의 귀농 전 가구소득은 4400만 원 정도였다. 귀농 후 1년차에는 가구소득이 2828만 원으로 급락했지만, 5

● 여기선 귀향하는 베이비부머에게 적합한 일자리를 소개하는 것이지, 귀향인을 위한 일자리 정책이 따로 있는 건 아니다. 귀향인을 위한 일자리 정책만 따로 마련된다면, 그건 원래 중소도시나 시골에 살고 있던 이들에 대한 역차별이기 때문이다. 그래서 귀향인을 위한 일자리 정책은 일반적인 '지방 일자리' 정책과 관련된다.

년차엔 3895만 원으로 빨리 회복하는 경향이 나타났다.(귀농 가구의 48.6% 정도가 농업소득이 부족하다는 이유로 농업 외 경제활동을 하고 있긴 하지만, 그래도 일반인들이 알고 있는 농업소득보다는 높은 수준이다.) 물론 농사를 만만하게 봐서는 안 된다. 하지만 귀농 가구의 57.8%가 귀농에 만족하고 있고, 성공한 사례도 꽤 있는 편이다.

지방의 일자리 가운데 제조업 기회부터 먼저 알아보자. 최근 지방에는 지자체가 민간기업을 끌어들여 새로운 고용을 창출하는 '상생형 일자리'가 뜨고 있다. 이 중 사회적으로 가장 큰 주목을 끌었던 게 '광주형 일자리'이다. 광주형 일자리는 독일 '슈투트가르트Stuttgart 모델'을 벤치마킹했다. 슈투트가르트는 독일 남서부에 위치한 도시로 14만 개의 기업이 밀집한 자동차 도시다. 벤츠의 고향으로 유명한 이 도시는 일본 자동차산업의 추격과 생산성 악화로 1992~1996년 사이 10만 명이 넘는 실업자가 발생했고, 실업률은 9%에 육박했다. 도시가 망할 수 있다는 위기감이 고조되자 노조와 기업, 지역구성원들이 합심했다. 노조는 임금동결에 동의했고, 회사 측은 노조를 경영에 참여시켰다.

광주형 일자리 사업은 2019년 1월 31일, 광주시와 현대자동차가 연 10만 대 규모의 자동차를 생산하는 신설 법인 설립에 합의하면서 시작되었다. 제조공장은 광주 빛그린 국가산업단지 안에 내 62만8000㎡ 부지에 7000억 원을 투입해 만들 예정이다. 이 공장에는 신입 생산직과 경력 관리직을 합쳐 1000명이 고용될 예정이다. 간접고용까지 합치면 1만 명이 넘는 규모다. 합의의 내용은 슈투트가르트 모델과는 다르지만 노·사·민·정 여러 주체가 대타

협을 이루었다는 점에서는 공통점이 있다.

광주형 일자리의 골자는 근로자의 평균연봉을 대폭 낮추는 것이다. 초임연봉은 44시간 기준 3500만 원으로 다른 자동차 공장 근로자의 절반 수준이다.(현대자동차 신입사원의 초봉은 5500만 원 수준이다.) 너무 불리한 조건이 아니냐고 생각할 수 있겠다. 핵심은 그 다음에 있다. 광주시는 근로자들의 낮은 연봉을 보전할 수 있도록 주택·육아·교육·의료 등의 다양한 서비스를 지원하기로 했다. 이는 지자체가 민간기업과 맺은 대타협으로 세계적으로도 유례가 없다. 그렇기에 광주형 일자리 사업은 더 큰 의미가 있다.

이런 상생형 일자리 모델은 광주 같은 대도시에서나 가능할 걸까? 대도시 밖에서도 지역을 단위로 한 상생형 일자리가 번져나가고 있다. 구미형 일자리는 광주형 일자리의 속편이다. 2019년 7월 25일, 경상북도와 구미시는 LG화학과 3000~4000억 원가량을 투자해 전기차 배터리 양극재 공장을 만드는 협약을 맺었다. 500~600개(간접고용까지 합치면 1000명 정도)의 신규 일자리도 창출될 것으로 예상되고 있다. 지자체가 어떻게 이런 굴지의 대기업을 끌어들일 수 있었을까? 구미시는 구미국가산업5단지 내 6만m^2 정도의 공장 부지를 LG화학에 무상으로 임대해주기로 했다. 구미시는 LG화학 근로자들에게 좋은 정주여건과 교육환경을 제공하기로 약속도 했다. 그리고 공장 내에 폐수시설과 변전소 등의 시설 지원도 검토하고 있다. 정부도 투자보조금과 각종 세제 혜택을 줄 예정이다.

이런 지역상생형 일자리는 더 조그만 도시들에서도 시도하고 있다. 횡성과 밀양이 대표적이다. 두 경우는 대기업이 아닌 중소기업과의 협약이다. 2019년 6월 10일 협약식을 맺은 밀양형 일자리는 경남의 주물기업 30여 개를 하남기계소재공단에 집단 이전시키면서 스마트공장화하는 것이다. 500개의 일자리가 새로 늘어날 것이라 한다. 횡성에서는 2019년 8월 13일, 일명 '강원도형 상생형 일자리' 협약식을 가졌다. 초소형 전기자동차e-mobility를 만드는 디피코DPECO라는 업체를 중심으로 중소기업들이 조합을 만들었는데, 강원도와 횡성군은 이들에게 우천산업단지에 내 임대형 공장과 주행시험로 등 233억 원 규모를 지원하기로 했다. 2024년까지 600명 정도를 신규로 고용해 연간 2만 대를 생산할 거란 포부도 밝혔다.

앞으로 제조업을 중심으로 이런 지역상생형 일자리가 증가할 것으로 예상된다. 이들 제조업에 공장부지를 제공하기에는 인구는 적고 면적은 넓은 지방의 지자체들이 유리하기에 더 적극적으로 유치에 나설 수 있다. 하지만 이런 일자리를 끌어들이는 데 있어 가장 큰 어려움은, 적정 임금(혹은 적정 노동시간)에 대한 타협과 숙련된 인력의 확보이다. 회사 측은 노동시간을 줄이면서 임금도 줄이고 싶어 하지만, 노동계는 적정 임금은 임금 하락과 관련되고 적정 노동시간은 노동유연성을 강화한다며 거부감이 크다.

그런데 적정 임금과 적정 노동시간을 그리 큰 반감 없이 받아들이면서, 숙련된 기술을 가진 이들이 있다. 바로 대도시에서 은퇴한 베이비부머들이다. 지방의 자치단체들은 상생형 일자리를 베이비부머 귀향지원과 연계할 수 있다. 귀향한 베이비부머들에게는 임대주택 공급 혹은 평생교육을 위한 대학 등록금 지원을 하는 식으로 줄어든 임금을 보전해줄 수 있다. 상생형 일자리에는 경험이 풍부한 제조업 내 '기술관리직' 종사자들이 필요한 경우가 많기 때문에, 이러한 인센티브는 베이비부머에게 매력적일 수 있다.

고령친화 서비스업 일자리가 크게 늘어날 것이다

우리나라는 전세계에서 고령화 속도가 가장 빠르게 진행되는 나라다. 특히 앞으로 20년간 매우 빠른 속도로 고령화가 진행됨에 따라 사회와 경제의 중심축도 옮겨가게 될 것이다.

간단히 연령별 소비의 변화 양상을 살펴보자. 2016년 기준으로 우리 국민들의 소비 총액은 952.4조 원 정도다. 유소년인구(0~14세)는 130.6조를, 소비하고, 생산가능인구(15~64세)는 707.7조를, 노인인구(65세 이상)는 114.2조 원을 소비했다. 이를 각 그룹의 인구수로 나눈 1인당 소비액은 유소년의 경우 한 해 1886만 원, 생산가능인구는 1872만 원, 노인은 1631만 원으로 나타난다.

앞으로는 유소년과 생산가능인구가 줄어들고, 노인인구가 크게 늘어난다. 통계청에서 추정한 2040년 인구구조를 반영해 연령별 소비액을 구하면 어떻게 될까? 2016년의 1인당 소비수준이 앞으로도 지속될 거란 가정하에 2040년의 연령대별 총소비액을 계산해보면 다음과 같다.

■ 유소년인구 총소비액 변화: 130.6조→94.0조 원(28% 하락)

■ 생산가능인구 총소비액 변화: 707.7조→536.6조 원(24% 하락)

■ 노인인구 총소비액 변화: 114.1조→365.3조 원(220% 상승)

이 수치에서 볼 수 있듯 전체 소비에서 노인층 소비의 비중이 크게 증가할 것이다. 당연히 노인을 위한 실버산업의 비중도 크게 증가할 것이다.

그럼 이런 변화와 관련하여 베이비부머들은 어떤 일에 종사할 수 있을까. 2장에서 얘기했듯이, 혁신을 기반으로 한 제조업은 도시나 도시의 핵심부에 입지하려는 경향이 있지만, 서비스업의 경우는 '수요자와 가까운 곳'에 입지하려는 특성이 있다. 중소도시와 시골에서 고령친화 서비스업의 성장이 예상되는 대목이다. 일본의 경우는 단카이세대의 은퇴로 주택개조·여행·헬스케어·문화생활 등의 약진이 두드러졌다. 미국의 경우 은퇴자들이 자연환경이 우수한 서부지역과 남부지역으로 이동하면서 해당 지역의 서비스업에 활력을 불어넣고 있다. 노인의 생활을 보조하는 다양한 서비스 역시 중요하다. 어떤 서비스업이 있을지 노인들의 하루 일과를 상상해보자. 아침에 일어나서 저녁잠을 잘 때까지 노인들의 일과는 다양한 서비스를 필요로 한다.

자고 일어나기(안전확인서비스)→씻기(일상생활 지원서비스)→식사(요리사 파견 등 식사제공서비스)→집안일 및 휴식(청소 및 세탁서비스, 일상업무 대행서비스, 주거환경개선서비스, 말벗 등 정서지원서비스, 간호서비스)→이동(고령자 택시 등 교통지원서비스)→사회 및 여가활동(동행서비스, 건강지원서비스, 여행서비스, 운동지원서비스,

금융서비스, 교육지원서비스, 일자리서비스, 이미용서비스, 외식서비스 등)→이동(교통지원서비스).

여기서 강조하기 싶은 사실은, 이런 서비스업은 경험과 연륜이 풍부해 '결정지능'이 높은 베이비부머들에게 적합하다는 점이다.

다양한 고령친화 서비스업들을 베이비부머가 맡는다면, 이건 '노노케어' 사업의 사회적 확장판이 된다. 노노케어는 노인과 노인을 뜻하는 '老老'와 돌본다는 의미의 'care'가 합쳐진 단어로, 노인이 또 다른 노인을 돌본다는 개념이다. 건강한 노인은 일자리를 얻고, 도움이 필요한 노인은 보살핌을 받는 식이다. 돌봄이라고 해서 육체적으로 어려운 노인들의 가사도우미를 해준다는 건 아니다. 독거노인의 건강을 살핀다든가, 병원에 갈 때 함께 동행한다든가, 말벗이 되어주는 것으로도 충분한 돌봄이 된다. 독거노인에게 도시락을 배달해주는 건강한 노인들도 있다. 탁구에 재능이 있는 베이비부머는 동네에서 탁구장을 열어 또래나 동네 노인들에게 탁구를 가르쳐줄 수도 있다. 전문가들은 노노케어 사업이 매우 확장성이 큰 사업으로 보고 있다.

왜 이런 서비스업에 베이비부머가 유리할까? 일단 체력적으로 건강하다. 50대 초중반에 은퇴한 베이비부머는 앞으로 20년 이상 건강하게 사회활동을 할 수 있다. 이보다 더 중요한 게 있다. 베이비부머들은 젊은이들에 비해 노인에 대한 이해가 높다는 점이다. 그러니 서비스를 받는 노인의 입장에서도 마음이 편하다. 이게 지방에서 귀향한 베이비부머들의 일자리가 크게 늘어날 수밖에 없는 이유이다.

귀향 후 인생 이모작 일자리로부터 많은 수익만 기대하지만 않는다면, 베이비부머들이 참여할 수 있는 일자리의 수와 종류는 상당히 많다. 이런 사업에 돈을 벌기 위해 참여하는 사람들도 많지만 일을 한다는 것, 지역사회에 공헌한다는 것, 그리고 다른 사람들과 교류한다는 것 자체에 의미를 두는 이들도 많다. 일자리가 일상생활을 유지하는 틀이 되기도 하고, 일을 통해서 자기가 어떤 사람인지를 규정할 수 있기 때문이다.

로컬 지향의 시대, 베이비부머의 일자리는?

교통과 정보통신기술의 발달은 우리 국토를 계속 축소시키고 있다. 광주에서 오전 회의를 하고 서울로 돌아와 오후를 보내는 사람들, 주말 오전에 강릉에 가서 초당 순두부를 먹고 주변 관광지를 둘러본 후 오후에 돌아오는 사람들도 많다. 지역과 지역이 이어지면서 서울이나 지방의 중심가가 비슷한 모습으로 변하고 있다. 지방이 지역색을 잃어가고 있는 것이다. 이런 흐름의 반작용일까. 지방 곳곳에서 '로컬'에 대한 관심이 커지고 있고, '로컬 비즈니스' 또한 크게 성장하고 있다. 이들은 큰 기업과 대량생산을 지향하지 않는다. 일부는 로컬크리에이터란 이름으로 지역에서 문화를 만들고 가치를 생산한다. '규모의 경제'보다는 '가치의 경제'를 중시하는 것이다.

『로컬지향의 시대』의 저자 마쓰나가 게이코 교수는 '로컬'의 중요성을 일찌감치 간파한 사람이다. 그는 지방을 위한 두 가지 전략을 제시한다. 하나는 '도시에 새로운 사람들을 유입시키는 전략', 또 다른 하나는 '지방이 가진 산업과 자원을 더욱 발전시키는 전략'이다. 첫번째 전략은 이 책에서 말하는 귀향과 같은 맥락에서 있다. 지금까지 지방은 인구를 유입시키기 위해 대기업이 들어오길 희망했다. 하지만 결과가 그리 좋지는 않았다. 근로자들이 지역에 잘 적응하지 못하고 퇴사하는 일이 빈번했고, 기업도 적합한 근로자를 구하지 못해 힘들었다. 게다가 대기업들이 주력하고 있는 첨단산업들은 최근 대도시로 집중되고 있다. 예컨대 최근에 구미시에 있던 삼성전자 네트워크 사업부가 수원 본사로 이전했다. 5G 상용화에 따라 수원에 있는 연구개발 부서와의 협업이 중요해졌다는 게 그 이유다. 마쓰나가 게이코 교수는 지방에서는 기업의 유치보다 더 중요한 게 인구의 유치라고 말한다. 인구유입 전략은 특히, 지역이 가진 자원에 관심을 가진 사람을 끌어들이는 방식으로 전환되어야 한다고 주장한다.

두번째 전략은 첫번째 전략의 연장선상에 있다. 지방이 가진 전통산업을 현대적 감각으로 발전시키는 것이다. 지역의 특산물이 다시 각광을 받는 시대가 오고 있다. 마치 한때 유행했던 상품이 사람들의 관심 속에서 멀어져 갔지만, 유행이 돌고 돌아 다시 관심을 받는 것처럼 말이다. 새로움new과 복고retro가 결합된 '뉴트로newtro'가 과거의 향수를 자극하면서도 세련된 트렌드로 각광받고 있다. 지방 곳곳에서 음식, 전통술, 카페, 체험형 관광 등 지역만이 가지는 매력과 개성이 묻어나는 상품과 서비스가 부상하고 있다. 이런 로컬 자원의 개발에는 참신한 아이디어 못지않게 지역에 대한 이해와 연고가 중요하다. 베이비부머가 상대적으로 유리한 부분이다.

고향에 대한 애정을 갖춘 베이비부머들이 귀향한다면 각종 산업에서 지역색을 강화하는 데 큰 역할을 할 것이다. 이들은 지역에 대한 기본적인 이해를 바탕으로, 그 위에다 대도시에서 쌓아온 경륜을 결합시키는 게 가능하기 때문이다. 그리하여 빈 점포를 리노베이션해서 지역색을 내뿜는 카페 공간, 독립서점, 와인샵, 선술집, 수제맥주양조장, 공방, 민박을 열 수도 있다. 제주의 관광과 화장품, 강릉의 커피, 양양의 서핑 등은 이미 지역의 명물로 자리 잡았다. 모두 지역의 자산과 아이디어가 결합되어 만들어진 것들이다.

이런 '로컬'의 중요성을 먼저 알아본 건 베이비부머보다 사실 밀레니얼 세대였다. 『골목길 자본론』의 저자 모종린 교수의 얘기를 들어보자.

한국에서 로컬의 미래가 밝은 이유는 밀레니얼의 지역관 때문이다. 기성세대와 달리 밀레니얼은 로컬을 시골, 변두리, 지방이아닌 혁신과 라이프스타일의 장소로 여긴다. 좋아하는 일을 하고싶은 열망이 강한 미래 세대가 로컬에서 그 일을 찾는다. 로컬은자유롭고 독립적인 라이프스타일을 추구하는 사람에게 자유롭고독립적인 공간이다. 실제로 전국 각지에서 밀레니얼 창업 기업이지역 문화와 경제를 혁신하고 있다. (…) 그들이 개척한 서핑과

커피 비즈니스는 각각 양양과 강릉의 중요한 지역 산업으로 자리잡았다. 양양과 강릉 모델을 다른 지역으로 확산시켜야 한다. 현재 대부분의 지역에서 취향 공동체에 머물러 있는 로컬 크리에이터 커뮤니티를 지역 산업으로 육성해야 한다. 지역 산업 수준으로 성장한 로컬 크리에이터 생태계는 머지않아 한국 경제를 견인하는 새로운 동력이 될 것이다.[10]

로컬의 가치를 알아본 젊은 세대들의 노력에 의해 지역은 새롭게 해석되고 있다. 밀레니얼 세대가 물꼬를 튼 이런 흐름을 베이비부머가 이어가야 한다. 베이비부머의 귀향은 로컬의 미래를 더더욱 밝게 만들 것이다. 은퇴한 베이비부머들의 이모작은 지역에 대한 애정뿐만 아니라 좋아하는 일을 하려는 열망과 결합될 것이다. 귀향한 베이비부머들은 상대적으로 자금에 여유가 있고, 두터운 인적 네트워크도 가지고 있다. 로컬을 지향하는 베이비부머들이 만들어가는 일자리는 대도시 속 일자리와는 그 모습이 사뭇 다를 것이다. 로컬지향적 귀향인들의 이모작 일자리는 가치의 경제를 뿌리내리게 해 지속가능한 지역사회를 만드는 데도 익히 기여할 것이다.

6장

자산이 있어도
쓸 돈이 없다

베이비부머, 돈 있는 가난에 빠지다

무려 1685만 명이란 거대 인구층의 은퇴가 진행되는 가운데 퇴직연령도 지속적으로 앞당겨지고 있다. 이제 1970년대 초반에 태어난 이들의 상당수도 곧 닥쳐올 퇴직을 준비하고 있으니 말이다. '육이오(62세까지 일하면 오적)'에서부터 '오륙도(56세까지 일하면 도둑)'를 거쳐 '사오정(45세 정년)'이란 웃지 못할 농담까지 등장했다.

"사실 60세가 넘어서도 직장을 다니려면 얼굴에 철판을 깔아야 해요. 55세가 되니까 저도 예전과는 다르다는 걸 느꼈어요. 직위는 높아지고 책임져야 할 일은 많아졌어요…. 제 역할을 다 하지 못하고 있다는 생각이 들었죠. 이런 갈등이 생기면서 3년 먼저 은퇴를 했어요."(C씨)

베이비부머들에게 은퇴의 의
미는 복합적이다. '인생 제2막의
시작'이 되기도 하지만 '경력, 소
득 단절의 위기'로 받아들여지기
도 한다. 사회적으로도 그렇다.
과거에 은퇴한 사람들은 '삶의 경
륜이 쌓인 자'로서 존중도 받았지
만 지금은 아니다. 은퇴자들은 예
비노인으로 취급되기 십상이다.
이들에겐 '후퇴' '왜소' '초라함'
등의 이미지가 묻어 있다.

이런 상황에서 기대수명은 계
속 늘어나고 있다. 베이비붐세대들의 경우 아직 30~40년 정도
를 더 살 수 있을 것으로 예상된다. 하지만 이들의 대부분은 노후
준비가 제대로 되어 있지 않다. 국내 한 언론은 「베이비부머 고령
사회 거지 되나」라는 기사를 통해 은퇴 후 베이비부머가 겪을 어
려움에 대한 염려를 표했다.[11] 그리고 베이비부머가 겪을 경제적
빈곤의 주된 이유로, 이들의 자산 구성을 꼽았다. 이들은 자산의
80% 이상을 부동산으로 보유하고 있다. 현금도, 예금도, 보험도
별로 없다. 그러니 당장 필요할 때 쓸 수 있는 돈이 없다. 이런 상
황에서 부동산 경기가 침체된다면? 베이비부머들이 가장 먼저 직
격탄을 맞을 가능성이 크다.

부동산은 시장에서 거래되는 상품 중 가장 비싼 물건의 하나

다. 베이비부머가 부동산을 소유하고 있다면, 꽤나 큰 재산을 가지고 있는 거라 볼 수 있다. 하지만 '노인빈곤율'에 관한 통계는 완전히 반대의 얘기를 한다. 우리나라 노인들의 반 정도가 빈곤 상태에 있다. 잠시, 노인빈곤율에 관한 OECD 통계를 보자. 빈곤율을 측정하는 데는 빈곤선poverty line이란 개념을 사용한다. 빈곤선은 우리나라 국민들을 개인소득* 순으로 한 줄로 세웠을 때 중간의 절반(즉 중위소득의 50%)에 해당하는 금액을 가리키며, 전체 인구에서 그 이하 소득을 버는 사람들의 비율을 빈곤율(상대적 빈곤율)이라고 한다. 2017년 기준으로 우리나라 노인 10명 중 4명꼴(43.8%)로 빈곤 상태에 있고, 이는 OECD국가들의 평균인 14.8%를 훨씬 넘어가는 수치다.

이런 충격적인 통계가 이곳저곳에 많이 돌아다닌다. 그러나 우리나라 노인빈곤이 심각한 게 사실이긴 하지만, 이 통계는 지나칠 정도로 현실을 과장하고 있다. 왜일까? 빈곤율은 '자산'을 제외하고 '소득'만 가지고 계산되기 때문이다. 이에 대해 한 전문가가 얘기했다. "외국 학자들과 토론에서 우리나라 노년층 자가보유율이 77%라고 말하면 '노인빈곤율이 50% 가깝다는 건 뭔가 잘못된 것 같다'는 반응이 많았다."[12]

전문가들은 베이비부머들이 은퇴 후 생활자금을 마련하기 위

● 여기서는 균등화 개인소득을 사용한다. 이 소득은 가구소득을 가구원 수의 제곱근(루트)으로 나눈 것으로, 가구원 수에 따라 다른 소득의 효용을 비교하기 위해 사용한다. 예를 들어 4인가구의 가구소득이 400만 원이고 1인가구의 가구소득이 100만 원일 때 1인당 개인소득은 100만 원으로 동일하지만, 현실에서는 4인가구의 400만 원이 더 큰 효용이 있다. 때문에 가구원 수로 그대로 나누지 않고 제곱근으로 나누어 비교하는 것이다.

해 부동산을 팔 것이라 예상했다. 그래서인지 학계에서도 베이비부머들이 은퇴 대열에 합류하면서 부동산 가격이 폭락할 것이란 예측이 대세였다. 국내의 한 유력 연구원에서는 베이비부머의 부동산 매도로 인한 가격 급락에 대비해야 한다고 주장하기도 했다.[13] 이에 대한 이론적 근거도 있다. 바로 '생애주기가설Life Cycle Hypothesis'이다. 한 개인이 보이는 저축과 지출의 양상은 '유년→청년→장년→노년'으로 나이가 들어감에 따라(생애주기에 따라) 달라진다는 주장이다. 합리적 개인이라면 일할 수 있을 때 모으고, 일하기 힘든 나이가 되면 쓴다. 이렇게 자신이 가진 돈을 전 생애에 걸쳐 적절히 배분하면서 소진한다는 게 생애주기가설의 핵심 내용이다.

그렇지만 이런 가설은 우리나라 현실에서는 통하지 않는다. 노년층 대부분이 자산으로서의 부동산을 꽉 잡고서 이를 현금화하지 않기 때문이다. 그래서 이들은 실제로 자산은 많지만, 소득은 없기에 빈곤층으로 파악되고 있다.(자산을 소득으로 반영했을 때 노인빈곤율은 31%로 줄어든다. 그래도 여전히 OECD 평균을 넘는다.)

부동산 '대박'의 추억이 가난한 노후를 만든다

그럼 지금의 베이비부머들은 은퇴 후 노년층에 진입하며 생활비가 급격히 떨어질 때 어떤 선택을 할까? 우리보다 먼저 고령사회로 진입한 일본의 경우를 살펴보자. 일본의 단카이세대

(1947~1949년 출생자) 역시 일본에서 이촌향도의 흐름을 만들어낸 주역들이다. 도시에 정착한 이들은 내 집 마련에 대한 열망이 매우 컸다. 단카이세대가 40세 정도가 된 1980년대 중반부터 일본의 주택가격은 3배 이상 폭등했다. 하지만 1990년대 초반에 발생한 경제위기(버블 붕괴)는, 단카이세대가 가지고 있던 부동산에 대한 신뢰를 잃게 했다. 이제 단카이세대는 더 이상 주택에 집착하지 않는다.

하지만 우리나라의 베이비부머는 반대로 움직이고 있다. 이들은 여전히 부동산 시장에서 큰손이다.[14] 『도시의 재구성』의 작가 음성원 씨는 서울 상수동·연남동·서촌 지역의 143개소 등기부등본을 뽑아 건물주 평균연령을 조사한 적이 있다.[15] 2016년 기준으로, 이런 핫플레이스에 건물을 가지고 있을 정도의 재력가들 평균연령은 59세였다고 한다. 이들은 58년생 개띠로 베이비부머의 대표 주자였다. 이들이 부동산에 이렇게 집착하고 있으니, 집값이 내려갈 리 만무하다. 이코노미스트 홍춘욱 씨는 대도시의 부동산 가격이 떨어지지 않는 이유를 다음과 같이 설명했다.

"서울 집값이 다시 오르기 시작한 2015년이 어떤 때인지 아세요?" (…) 그는 "베이비붐세대 첫 주자인 '58년 개띠'가 50대 후반에 들어서면서 노후 대비를 위한 자산 재설계에 나선 시점"이라고 말했다. 또한 "대출 규제가 강화된 작년 8·2 부동산 대책 이후에도 올해 초까지 집값이 급등했는데, 이는 30~40대가 아니라 쌓아놓은 자산이 있어 '규제 약효'가 덜 먹히는 은퇴 세대가 상승을 주도한 것"이라고 덧붙였다. 홍 팀장은 "베이비붐세대는 젊은 시절 경제 호황 속에 역사상 최대의 부동산 급등을 경험했다"면서 "그들 입장에선 은퇴했다고 도심 부동산을 냉큼 처분하고 연 2%도 안 되는 예금 이자에 기나긴 노후를 맡길 이유가 없다고 판단한다"고 말했다.[16]

돈 많은 베이비부머만 그러는 게 아니다. 가난한 베이비부머도 부동산이 최대 관심사다. 집 없는 베이비부머는 여전히 내 집 마련을 위해 허리띠를 졸라매고 있고, 주택을 보유한 베이비부머는 노후대비와 임대수익을 목적으로 부동산에 더 많은 투자를 하고 있다. 2018년 현재 우리나라 자가自家보유율은 61.1%이다. '자가보유율'*은 나이가 많을수록 높게 나타나는 경향이 있다. 40세 미만은 38.5%지만, 40대는 61.1%, 50대는 71.8%로 높아진다. 60대 이상의 경우는 더 높다. 무려 4명 중 3명꼴(75.5%)로 자기 집을 보유하고 있다.[17] 높은 자가보유율이 문제가 되는 건 아니다. 이건 높을수록 좋다. 문제는, 자산이 부동산에 '올인'되어 있다는 점이다. 베이비부머들은 주변에 돈을 꿔야 하는 극단적 상황에서도 부동산을 놓질 않는다. 거의 '부동산 중독' 수준이다.

왜 베이비부머가 부동산을 꽉 움켜쥐고 있을까? 이유는 두 가

● '주택소유율'은 '자가보유율'과 차이가 있다. 자가보유율은 주택 이외의 거처(오피스텔·숙박업소·객실 등)이 포함되어, 일반적으로 주택소유율보다 높게 나타난다. 2017년을 기준으로, 우리나라 가구의 주택소유율은 55.9%이다. 베이비부머의 주택소유율은 이보다 높다. 40대 주택소유율은 57.5%, 50대는 62.8%, 60대는 68.7%이다. 70대의 경우는 67.8%가 주택을 소유하고 있다.(통계청, 2017, 「'행정자료를 활용한 2016년 주택소유통계' 결과 보도자료」, 2017년 11월 17일)

지다. 먼저 이들이 사상 최대의 부동산 가격 급등을 몸소 체험한 세대, 그리고 부동산을 통해 자산 증식을 경험해본 세대이기 때문이다. 1960년대부터 부동산은 주야장천 오르기만 했다. 물론 외환위기와 글로벌 금융위기를 맞아 주춤한 적도 있었다. 하지만 그렇게 강한 외부의 경제적 충격에도 불구하고, 부동산 가격은 징그러울 정도로 오르고 또 올랐다. 2014년 이후부터는 대도시를 중심으로 집값 상승 추세가 더욱 가팔라지고 있다. 부동산 불패의 신화가 대도시에 거주한 사람들을 중심으로 퍼져나갔다.

베이비부머가 부동산을 놓지 않는 두번째 이유는, 우리나라의 허약한 복지제도 때문이다. 사회안전망이 부족한 상황에서 평균 수명이 길어지다보니 스스로 미래를 대비하려는 경향이 점점 강해지고 있다. 현재 55세인 사람의 경우 앞으로 30년, 아니 운 좋으면 40년을 더 살 수 있다. 두 부부가 정부의 복지혜택을 제외하고 매월 150만 원(매해 1800만 원)씩 쓴다고 치자. 그냥 단순 계산으로 30~40년의 여생을 위해 5억4000만~7억2000만 원이 필요하다. 여생을 좀 더 윤택하게 보내고자 한다면 10억 원 정도가 필요하다.

베이비부머가 이 돈을 마련할 수 있는 방법은 사실상 가진 집을 통해서뿐이다. 상황이 이러하니, 대도시에 거주하는 사람은 부동산을 놓고 지방으로 가려 하지 않는다. 부동산에 돈이 묶여 손가락을 빨고 있는 상황에서도 부동산은 놓치지 말아야 할 최후의 보루로 남겨두고 있다.

"지방에 거주하는 친구들이 서울의 집값에 관한 뉴스를 볼 때면 제게 부러움의 눈길을 넌지시 보내곤 해요. 포항에서 안정된 직장을 다니고 있는 친구와 제가 비슷한 시기에 집을 샀거든요. 걔는 지방에서 꽤 괜찮은 3억짜리 집을 샀어요. 전 빚을 내면서까지 무리해 5억짜리를 샀죠. 근데 친구의 집은 2억 원가량 떨어졌는데 제가 산 집의 가격은 계속 오르더라고요…. 분명 같은 선에서 출발했는데 지금 와서 보니 자산의 격차가 꽤 나더라고요. 이걸 처분하고 무작정 내려가기가 참… 복잡해요."(B씨)

그래도 이제는 집값이 '꼭지'라고 말하는 사람들도 많다. 이들의 예측에도 근거는 있다. 낮은 출산율과 고령화, 게다가 인구까지 감소하는 상황이니 부동산은 예전처럼 매력적인 투자처가 아니라는 얘기다. 하지만 그래서 집을 판다고 치자. 그 큰돈을 은행에 넣어둬봤자 이자가 2%나 될까? 초단기 정기예금의 금리는 1%도 안된다. 많은 전문가들이 앞으로는 제로금리 시대가 될 거라 예측하고 있다. 은퇴자들 대부분은 마땅한 투자처에 대한 전문지식 또한 없다. 잘못 투자했다간 정말로 노년에 쪽박을 차기 십상이다. 실제로 최근 '해외 채권금리 파생결합펀드DLF' 사태*로 투자자들이 원금 대부분을 날리는 일이 발생했다. 투자자 중 65세 이상이 1/3이나 되었으니 투자금은 대부분 노후자금이었을 것이다. 그러니 뭐

● 이름도 이해하기 어려운 이 펀드는 독일 '국채'와 관련이 되어 있다. 직접 국채를 사는 게 아니다. 국채 금리가 올라가냐 내려가냐에 베팅하는 일종의 파생상품이다. 따지고 보면 일종의 '홀짝 게임'이다. 일정기간 동안 국채금리가 마이너스 0.2% 포인트 이하면 투자자가 손실을 부담하고, 이보다 높으면 수익이 생긴다. 이 펀드의 수익률은 4~5%정도로 알려져 있다. 하지만 최악의 경우 원금을 보장받지 못한다. 펀드에 가입한 사람들은 "독일이 망하지 않는 한 손해 보는 일은 없다"라는 은행의 말만 믿었다. 그러나 이런 호언장담은 거짓으로 드러났다.

니 뭐니 해도 '금융맹'들에게 가장 안전하고 좋은 투자처는 부동산이다. 가진 게 집 한 채인 이들도 버틸 수 있을 때까지 버티면서 집값이 오르길 기다린다.

결국 우리나라 베이비부머들이 겪는 어려움은 이렇게 요약할 수 있다.

- ■ 엄청난 수의 베이비부머가 대도시에 살고 있다.
- ■ 이들이 갖고 있는 자산의 대부분이 부동산에 쏠려 있다. 부자긴 한데, 당장 쓸 수 있는 돈은 없다.
- ■ 이 두 가지로 인해 베이비붐세대는 은퇴 후 돈 많은 빈곤층으로 전락할 가능성이 크다.

우리나라 베이비부머들이 부동산을 부여잡고 남은 생애를 버틸 수 있는 방법은 그리 많지 않다. 아니, 이 난국을 타개할 한 가지 방법이 있기는 하다. 부동산을 추가로 취득해서 임대소득을 얻는 길이다. 하지만 이건 대다수 베이비부머들에게 '로망'일 뿐이다. 현실에선 생활비가 모자라 자녀로부터 돈을 받든지, 은행으로부터 돈을 꾸든지, 아니면 거주 부동산을 팔고 더 조그만 주택으로 옮겨 현금을 확보해야 한다.

이런 '다운사이징'도 하나의 방법이 될 수 있지만 은퇴자들의 경우 다운사이징에 대해 망설임이 많다. 우선 작은 집으로 이동할 때 드는 실패의 느낌이 싫다. 그리고 은근히 상속의 기대를 갖고 있는 자식들의 눈치도 보인다. 미래 주택수요 예측에 관한 최근의 한 학술연구도, 자녀가 분가하거나 배우자가 사별한 노년층의 경우에도 기존 주택 규모를 계속 유지하는 경향이 있다는 걸 보여주

고 있다.[18] 부동산으로 자산을 축적했던 이들에겐 다운사이징조차
도 '큰 결심'이 없이는 불가능한 듯하다.

귀향인을 위해 주택연금을 더욱 활성화하자

이렇듯 귀향을 실천하는 데 가장 큰 걸림돌 중 하나는 부동산
문제다. 부동산 때문에 수중에 돈이 없으니 미래를 계획하기 힘들
다. 방법이 없는 건 아니다. 1장에서 본 KB금융지주 경영연구소의
'가계금융복지조사' 분석 결과를 다시 살펴보자. 여기서 나온 노후
최소생활비는 부부 기준으로 월 176만 원이다. 하지만 대부분의
은퇴자들은 이 돈을 확보할 수 없다. 은퇴 후 확보할 수 있는 소득
의 대부분은 '국민연금' '금융소득' '기초연금'인데, 이 세 가지를
모두 합친 소득이 그리 많지 않기 때문이다

'소득절벽'을 겪을 은퇴자들을 위한 가장 좋은 대안은 단연 '주
택연금'이다.[19] 앞으로 중요하게 활용될 수밖에 없는 제도이니, 이
에 대해서는 조금 자세히 설명하겠다. 부동산은 유동성(자산을 현
금화할 수 있는 정도)이 떨어지는 상품이다. 주택연금은 '부동산의
유동화'를 통해 은퇴 후에도 고정 월 소득의 형태로 현금흐름cash
flow을 확보하게 한다. 해당 주택을 담보로 맡겨, 매달 국가로부터
연금 형식의 돈을 지급받는 방식이다. '연금'이란 이름으로 불리
지만 실제로는 대출상품에 가깝다. 주택을 담보로 잡히기 때문이
다. 일반적인 주택담보 대출은 한몫에 대출금을 받지만, 주택연금

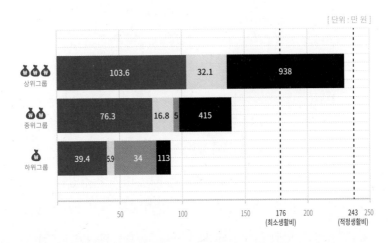

■ 국민연금　□ 금융소득　■ 기초연금　■ 주택연금

[단위 : 만 원]

상위그룹: 103.6 / 32.1 / 938

중위그룹: 76.3 / 16.8 / 5 / 415

하위그룹: 39.4 / 5.9 / 34 / 113

176 (최소생활비)　243 (적정생활비)

의 경우는 대출금을 작게 쪼개서 나눠 받는다는 게 차이다. 국가가 보증하기에 죽을 때까지 연금을 떼이는 일은 없다.

　　KB금융지주 경영연구소에서는 이 세 그룹이 주택연금을 통해 어느 정도의 노후생활비를 추가로 확보할 수 있는지 분석했다.* [도표 19]는 그 결과로, 보다시피 상위그룹과 중위그룹에서는 부동산 자산이 노후소득의 30~40% 이상을 창출하고 있다. 이 분석 결과가 시사하는 바는? 은퇴자들의 빈곤문제가 상당 부분 부동산에 돈이 묶여 있기 때문에 발생하고 있다는 점이다. 그러니 이제부터라도 노인복지 정책이 소득에만 집중되어서는 안 되고, 이들

● 여기서의 주택연금은 2017년 '가계금융복지조사'를 이용해 모든 부동산 순자산을 '자가'라고 가정하고 계산한 금액이다.

의 자산도 고려해야 한다. 노인들의 빈곤문제를 해결하기 위해 이들이 가진 실물자산을 적극적으로 활용할 수 있도록 도와야 한다는 뜻이다.

주택연금은 현재 주택을 가진 부부 중 한 명이라도 60세 이상이면 신청이 가능하다. 주택을 갖고 있는 경우, 주택연금으로 얼마나 받을지 궁금하다면 '한국주택금융공사' 인터넷 홈페이지에서 '예상연금'을 조회해보시라. 2019년 8월 현재, 서울시 아파트의 중위가격은 8억5000만 원 정도다.[21] 60세가 이 가격의 주택을 맡기면 죽을 때까지 매월 170만 원 정도를 받을 수 있다. 만 70세에 가입할 경우 매월 250만 원을 받는다. 부부 기준 최소생활비가 월 176만 원인 걸 고려한다면, 주택연금의 노후 보장효과는 확실히 강력하다. 물론 서울이기에 이렇게 많이 받는 게 맞다. 그럼 전국의 경우를 보자. 전국 아파트 중위 매매가격은 3억5000만 원 정도다. 60세 가입자의 경우는 매월 70만 원, 만 70세 가입자는 100만 원 정도를 받는다. 여기에 국민연금과 기초연금을 더 하면 최소생활비 이상을 확보할 수 있다.(주택연금은 소득이 아닌 부채로 분류되고 있다. 따라서 주택연금을 받는다고 기초연금이 줄어드는 건 아니다!)

주택연금은 부족한 노후생활비를 보조하는 막강한 수단이다. 정부도 더 많은 사람들이 주택연금에 가입할 수 있도록 가입조건을 확대할 예정이다. 예상되는 주요 변경 내용은 다음과 같다.

먼저 정부는, 60세부터 가입할 수 있는 주택연금의 가입조건을 완화해, 가입 연령을 '55세 이상'으로 낮출 예정이다. 50대 중반이 은퇴 평균연령인 걸 감안하면 부동산만 가진 빈궁한 젊은 은퇴자들에게 큰 도움이 되는 매우 적절한 조치이다.

둘째로, 대상주택의 기준을 '시가'로 했지만, 이것도 공시가격 (한국감정원·국민은행 등의 공신력 있는 기관이 평가한 시세)으로 바꾸려 한다. 현재 주택연금에 가입할 수 있는 가장 비싼 주택은 시가로 9억 원이다. 이 가격이면 월 최대 338만 원을 받는다. 일반적으로 공시가격은 실제 집값의 70% 수준에 불과하다. 공시가격 9억 원이면 시가는 13억 원 정도가 된다.(다주택자의 경우 주택합산 가격이 공시가격 9억을 초과해서는 안 된다. 9억 원 초과 2주택자는 3년 이내에 1주택을 처분하는 조건으로 가입이 가능하다.) 이렇게 고액 주택까지 허용되면 월 지급액이 너무 많아질 수 있다는 염려도 있다. 이를 고려해, 연금수령액의 상한을 '시가 9억 원' 기준으로 할 예정이다.

셋째로, 실제로 거주하지 않고도 주택연금을 신청할 수 있게 바꾸려는데 이건 파격적이다. 지금은 요양원에 들어가거나, 자녀가 봉양하는 등의 불가피한 경우에만 실거주하지 않고 임대하는 걸 허용했다. 하지만 앞으로는 주택연금에 가입한 주택을 전세나 월세로 주고도 연금을 받을 수 있도록 허용할 것으로 보인다. 이 경우, 주택연금뿐만 아니라 임대수익도 동시에 올릴 수 있게 된다.

마지막으로, 배우자의 연금 승계시 자녀의 동의가 필요 없어질 전망이다. 지금은 주택연금 가입자가 사망했을 때 배우자가 연금을 승계하기 위해선 자녀의 동의가 필수적이다. 하지만 자녀가 반대해 부모 중 한 분의 연금이 끊기는 일이 발생하지 않도록 제도를 개선할 예정이다.

은퇴자들이 경제적 이유로 귀향을 꺼리고 있는 상황에서 주택 연금은 귀향을 촉진하는 강력한 대안이 될 수 있다. 대도시의 주택가격은 매우 높은 수준으로 형성되어 있어, 대도시에 주택을 보유한 은퇴자들은 이를 활용해 경제적 부담 없이 귀향을 선택할 수 있기 때문이다.

세금 감면이 귀향을 촉진할 수 있을까

도시에 살고 있는 베이비부머가 귀향을 망설이게 하는 또 다른 부동산 관련 걱정이 있다. 바로 '양도소득세(이하 양도세)' 문제다. 고향에서 집을 한 채 더 사려는 베이비부머는, 양도세로 고민하지 않을 수 없다. 이 양도세는 부동산을 팔 때 내는 세금이다. 기본적으로 양도세는 '판 가격>산 가격'일 경우 이 둘의 차익에 대해 부과된다. 1주택자가 2년 이상 주택을 보유할 경우 양도세는 부과되지 않는다.* 실거주 목적으로 판단하기 때문이다. 하지만 다주택자는 다르다. 이들은 '차익 실현을 위한' 투자 목적의 집을 가지고 있을 가능성이 크다. 그러니 다주택자가 집을 팔 때 '이익의 일부'를 소득세 형태로 물리는 것이다.

서울에 집 하나를 가지고 있는 사람이 귀향을 결정했다고 치

● 이 경우라도 차익이 9억 원 이상일 때는 초과분에 대해서 양도세가 부과된다. 즉 집을 팔아 10억 원의 차익을 얻었으면, 9억 원까지는 비과세이지만 1억 원에 대해서는 양도세를 내야 한다.

자. 그가 고향에 집을 사면 2주택자가 된다. 서울 집을 팔 때 양도세를 물 수 있는 상황이다. 고향 집을 사면 불리해지는 구조다. 서울에 집 한 채 있으면 그래도 없는 사람은 아니다. 그깟 양도세가 무서워 고향에 집 사는 걸 꺼릴까? 그렇다. 집 있는 사람들은 '양도세'를 호환마마만큼 무서워한다. 양도세 피하려고 '위장 이혼'까지 하는 사람도 있을 정도다. 그럼 양도세가 어느 정도길래 그렇게 무서워할까?(지금부터 얘기하는 건 2019년 말 기준으로 계산된 것임을 염두에 두자.)

2주택자가 하나의 주택을 판다고 치자. 둘 중에 먼저 파는 주택이 양도세 부과 대상이다. 이 주택을 5억 원에 사서, 7억5000만 원에 팔았다고 하자. 차액은 2억5000만 원으로, 양도세는 얼추 6500만 원이 넘는다. 서울의 모든 지역과 경기도·부산·대구·세종의 일부 핫한(?) 지역에선 2주택자의 양도세가 더 크다. 차익이 2억5000만 원인 경우, 양도세만 1억 원이 넘는다. 3주택인 경우는 더 높은 세율이 적용된다. 얼추 1억3000만 원 정도를 양도세로 내야 한다.

집값이 2억5000만 원씩이나 올랐는데, 1억 내는 게 뭐 그리 문제냐고 반문할 수도 있겠다. 하지만 은퇴 이후 귀향하려는 사람들의 입장에서 생각해보라. 이제 돈을 아껴야 할 형편인데 1억 원씩이나 내가며 지방에 집을 사려 할까? 정부도 양도세로 인해 귀향을 꺼리는 사람이 있다는 걸 잘 알고 있다. 그래서 1주택자가 '농어촌주택'이나 '고향주택'(이 두 주택의 정의에 대해서는 뒤의 박스 참조)을 구입하고 3년 이상 보유하면 주택수 산정에서 제외했다. 시골에 집을 사도, 1주택자는 여전히 1주택자로 남게 된다. 그러니 이 경우, 서울 집을 처분해도 양도세를 면제받을 수 있다. 참고로, 이 혜택은 2020년 12월까지 한시적으로 적용되지만 연장될 가능성이 높다.

지방 중소도시의 인구가 더욱 줄어들고 경제도 침체되어가는 상황에서 정부의 정책은 더욱 과감해질 필요가 있다. 귀향인이 지방 중소도시에 주택을 구매하는 걸 독려하진 못할망정, 좌절시켜서는 안 된다. '양도세 비과세'는 귀향의 촉진을 위해 반드시 손봐야 하는 제도 중 하나이다. 그렇기에 양도세 비과세를 반드시 1주택자에게 한정할 필요는 없다. 쇠퇴하는 지방 중소도시에 새로 집을 구매할 경우에는 이를 보유주택수에 포함시키지 않으면 그만이다. 그래야 더 많은 사람들이 지방에 더 많은 관심을 가질 수 있다. 물론 현재 2주택을 가지고 있는 사람들은 2주택자로, 3주택을 가지고 있는 사람들은 3주택자로 남아 있게 된다. 이들은 지금까지의 제도대로, 양도세를 부담하면 된다.

양도세 비과세는 지방의 부동산을 구매하게 하는 힘이 있다. 하지만 한계도 있다. 대도시의 집값이 지금처럼 상승세를 이어갈 거란 기대가 높은 상황에선, 집을 팔고자 하는 생각이 들지 않을 것이기 때문이다. 진정한 귀향은 대도시의 집을 팔고 지방으로 내려가는 것이다. 귀향 정책은, 부동산을 처분하고 지방으로 내려가는 베이비부머들을 독려해야 한다. 1부에서 강조했듯이, 그래야 대도시 집값이 내려가고, 청년들도 대도시로 진입해 미래를 계획할 수 있기 때문이다.

보다 강력한 세금 정책으로, 자식에게 집을 증여할 때 부과되는 '증여세'를 감면하는 것도 생각해볼 수 있다. 부모가 살아 있을 때 자식에게 집을 물려주면 '증여'다. 베이비부머들은 자식에게 재산을 물려주고자 하는 욕구가 강하다. 상속의 욕구는 사회적 안전망이 취약한 나라에서 더욱 강하게 나타나는 경향이 있다.[22] 자산을 아랫세대로 이전함으로써 가계家係의 생존가능성을 높이고자 하는 것이다. 그러니 자녀에게 집을 물려주고도 스스로 복지대책을 마련할 수 있는 베이비부머들의 경우에는, 증여세 감면에 반응할 가능성이 크다.*

자녀의 결혼은 부모로부터의 독립을 의미하고, 자녀가 결혼한 후에야 비로소 홀가분한 마음으로 귀향할 수 있는 여건이 된다. 그러니 1주택자가 자녀에게 주택을 증여할 때 세금을 감면해준다면 자녀의 분가시 증여가 늘어나고, 이에 따라 대도시의 집을 처분하고 떠나는 귀향인구가 많아질 수 있다. 증여세 감면 혜택은 수도권이나 대도시에 살고 있는 1주택자 중에서, 지방(예를 들어 수도권·광역시·세종시를 제외한 인구 50만 이하의 도시)에 일정 기간(예를 들어 3년 이상) 거주하는 귀향인들을 대상으로 하는 게 좋을 것이다. 또한 최대 감면액에 대한 제한(예를 들어 최대 1억 원)을 두는 것도 필요할 것이다. 이렇게 증여세 감면에 조건을 붙어야 이

● 부동산 증여세는 공시가격이 아닌, '시가'로 매긴다. 그리고 부동산이 비쌀수록 증여세도 누진적으로 커진다. 2019년 기준으로 3억 원의 아파트를 자녀에게 증여할 경우 실제로 납부해야 할 증여세는 3600만 원이다. 시가 6억 원인 아파트의 경우는 9450만 원이다. 증여세는 '주는 사람'이 아니라 '받는 사람'이 내는 것으로, 현재 자녀의 경우 5000만 원까지는 증여세가 공제된다.

제도를 탈세의 수단으로 사용하지 못한다.

물론 증여세 감면에 대한 사회적 거부감이 만만치는 않을 것이다. 뭔가 물려줄 자산이 있는 부자들에게 주로 혜택이 집중될 텐데, 이는 부자가 부자를 낳는 세대간 대물림을 고착화시킬 수 있다. 하지만 한 번 생각해보자. 베이비부머 대부분은 어느 시점에서는 자녀에게 증여든 상속이든 할 것이다. 그렇다면, 사회적으로는 상속보다는 증여가 나은 선택이다. 젊은 세대의 주택수요가 증가하는 상황에서, 부동산의 세대교체를 더욱 빨리 앞당길 수 있기 때문이다. 증여세 경감은 젊은 세대가 대도시 내에서 더 빠르게 안착하게 하고, 그들의 주거 안정화를 높이는 효과가 있을 것이다. 혹자는 단순히 주인만 젊은 자녀세대로 바뀌는 것이라고 비판할 수도 있겠다. 그렇지 않다. 증여세 경감(강조하지만, 귀향을 조건으로 증여세를 경감하는 것이다)은 '세대교체'뿐만 아니라 집값의 하향 안정화에도 도움을 줄 수 있다. 젊은 세대들의 대기수요가 집값 상승압력을 가중시키는 상황에서 베이비부머의 실수요가 '대도시→지방 중소도시'로 이전되기 때문이다.

증여세 감면이 지방을 살리는 강력한 수단이 된다면 무작정 반대만 하는 건 바람직하지 않다. 새롭게 시도되는 모든 제도에는 '긍정적 효과'과 '부정적 효과'가 상존한다. 긍정적 효과가 부정적 효과보다 크다면 '공익(공공의 이익)'을 위해 고려해볼 수 있는 일이다.

지방 중소도시로의 이주를 북돋는 세금 정책

농어촌주택과 고향주택에 대한 양도세 비과세 제도가 농어촌과 고향으로의 이주를 촉진했을까? 이런 제도가 있는지도 모르는 사람도 태반이다. 이름만 있고, 실효성은 전혀 없었다. 이유는 간단하다. 대상 주택에 까다로운 조건이 붙어 있기 때문이다. 일단, 부동산 가격이 2억 원을 넘어서는 안 된다.(한옥의 경우는 4억 원까지) 대지면적도 660㎡(200평)보다 크면 안 된다. 부동산 가격이 오르거나 오를 우려가 있는 지역도 안 된다. 귀향과 귀촌은 인생일대의 큰 결정이다. 지방 중소도시나 농어촌에 집을 사려는 사람들은, 귀향을 적극적으로 고민하는 사람들일 가능성이 크다. 야심차게 귀향을 준비하려는데, 일단 조건이 좋은 집은 대상이 아닌 것이다.

농어촌주택과 고향주택, 이 둘은 성격이 크게 다르다. 먼저, 농어촌주택은 '촌'의 주택이다. 법적으로는, 수도권과 광역시 밖에 있어야 한다. 그리고 '동'이 아닌 '읍'과 '면'에 소재해 있어야 한다. 반면에, 고향주택은 말 그대로 고향에서 취득하는 주택이다. 법적으로 고향이란, 가족관계등록부(가족관계증명서·기본증명서·혼인관계증명서·입양관계증명서·친양자입양관계증명서)에 10년 이상 등재되었거나 10년 이상 거주한 사실이 있는 지방 지역을 가리킨다.[23] 고향주택으로 인정받으려면,

시 지역인 경우에는 인구 20만 명 이하인 곳이어야 한다.* 고
향주택이란 말만 듣고 목포나 강릉 출신이 고향에 집을 덜컥
사면, 서울 집을 처분할 때 양도세를 크게 물 수 있다.

　일단 농어촌주택과 고향주택의 적용범위를 확대해야 한다.
특히 고향주택의 경우, 대상지역도 넓히고 가격기준도 완화해
서 더 많은 사람들이 관심을 기울일 수 있도록 해야 한다. 대
상 지역도 확대할 필요가 있다. 지방에서 5대 광역시와 세종
시를 제외하고, 인구 50만 이하의 도시들 중 최근 3년간 인구
나 산업이 쇠퇴하는 모든 지역을 포함하는 방안을 검토해볼
수도 있겠다. 이런 지역에 주택을 취득한 경우, 새롭게 취득한
주택을 보유주택수에 합산하지 않는 방향으로 제도가 보완되
어야 할 것이다.

● 　현재는 다음의 26개 시만 해당된다. 제천·계룡·공주·논산, 보령·당진·서산·
　동해·삼척·속초·태백·김제·남원·정읍·광양·나주·김천·문경·상주·안동·
　영주·영천·밀양·사천·통영·서귀포다.

농촌의 인구이탈을 방지하는 제도

주택연금 제도는 도시에 비싼 집을 가지고 있는 사람들만 좋지 않은가? 도시에 살고 있는 사람들은 주택이 있지만, 농촌에 살고 있는 사람들은 땅이 있다. 주택연금과 비슷한 방식으로, 농업인을 위한 '농지연금'이 운영되고 있다.

이 제도는 65세 이상이고 영농경력이 5년 이상인 농업인이 대상이다. 농지(논·밭·과수원)를 담보로 맡기면, 매월 연금을 지급받을 수 있다. 예를 들어 종신형 상품의 경우, 65세 농업인이 공시지가 3억 원*의 농지를 담보로 맡기면, 죽을 때까지 매달 107만 원 정도의 연금을 받을 수 있다. 농지의 경우 공시지가와 실거래가의 차이가 그리 크지 않다. 같은 조건(65세 & 시가 3억 원 주택)의 주택연금은 매월 73만 원 정도니, 주택연금보다 더 좋은 경우라 볼 수 있다. 게다가 정부는 농지연금의 확대를 위해 6억 원 이하의 농지에 대해 재산세도 면제해주고 있다. 안정적으로 연금을 받으면서 동시에 농지를 직접 경작해 추가적 소득을 낼 수 있다. 물론 이 제도 때문에 '대도시→중소도시(혹은 농어촌)'의 귀향 흐름이 만들어지는 건 아닐 게다. 하지만 농지연금은 농어촌에 살고 있는 사람들이

● 농지연금의 기준인 농지가격은 '개별 공시지가의 100%'나 '감정가액의 80%' 중에서 높은 금액을 선택하도록 되어 있다.

안정적으로 생업에 종사할 수 있게 해 농촌인구의 이탈을 방지하는 강력한 수단이 될 수 있다.

이와는 별도로, 농어업인들이 시골에서 안정적 생활을 할 수 있도록 '건강보험료'와 '연금보험료'의 일부를 지원해주는 제도가 있다. '건강보험료' 지원제도는 건강보험 지역가입자인 농업·축산·임업·어업에 종사하는 세대가 대상이다. 건강보험료의 최대 50%를 차등적으로 지원하고 있는데, 2019년 현재 1세대당 월 최대지원액은 9만5660원(매년 115만 원 정도)이다. 둘째로 '연금보험료' 지원 제도로는 농어업인이 납부할 국민연금의 일부를 지원하고 있다. 2019년 현재 1인당 월 최대지원액은 4만3650원(매년 52만 원 정도)이다. 이 혜택을 받을 수 있는 농업어업인은 25만6000명 정도로 그 수가 적지 않다.[24] 얼마 되지 않는 돈 같지만, 수입이 적은 농어업인에게는 소중한 도움이 된다.

7장

함께 어울리는 관계와
커뮤니티의 중요성

부족한 문화여가시설이 귀향을 막는다

베이비부머는 두터운 인구층에 속해 있다. 이 자체는 사실 큰 특권이다. 노력만 한다면, 상대적으로 넓고 촘촘한 네트워크를 활용해 재미난 인생을 살 수 있다. 또한 이들은 지금의 노인세대(65세 이상)에 비해 문화활동에 대한 욕구가 크다. '신문구독비율' '평균 독서권수' '국·내외 관광경험' '레저시설 이용경험' '문화·예술 및 스포츠 관람' 등에서 노인세대에 비해 월등히 높은 참여도를 보이고 있다. 이런 특성을 가졌기에, 거주지 선택에서도 문화여가 인프라를 매우 중요하게 생각한다. 하지만 지방의 문화여가 인프라는 대도시에 비해 열악하다. 그러니 '고향 앞으로!'가 꺼려질 수밖에 없다.

일단 지역 간 문화예술 공연의 격차가 어느 정도인지부터 살펴보자. 한국문화예술위원회의 『2015 문예연감』에 나타난 '예술활동지수Arts Activities Index'는 6개 분야(문학·시각예술·국악·양악·연극·무용)별 한 해 활동현황을 토대로 만들어졌다.[25] 일단, 서울을 600점 만점(6개 분야 각 100점)으로 놓고, 나머지 도시들의 상대적 예술활동 현황을 분석했다. 분석 결과, 2위인 경기도와 3위인 부산시의 경우도 각각 149.2점, 106.4점에 불과했다. 광역지자체를 순위에 따라 나열하면, 대구(63.7), 경남(60.4), 전북(52.7), 광주(47.1), 경북(45.7), 인천(36.9), 전남(36.7), 강원(30.2), 대전(26.4), 울산(26.4), 충남(23.1), 제주(16.0), 충북(15.3) 순이다.

하지만 이 분석엔 약간의 허점이 있다. 지자체별 활동현황을 고려할 때는 '인구수'로 나누어야 비교가 가능하다. 인구수가 많은 곳에서 더 많은 예술활동이 있는 게 당연하기 때문이다. 그래서 2015년 지역별 인구를 고려해서 예술활동을 표준화해보았다. 이렇게 계산하니 예술활동지수는, 인구 10만 명당 서울(6.1), 부산(3.1), 광주(3.1), 전북(2.9), 제주(2.6), 대구(2.6), 울산(2.3), 전남(2.0), 강원(2.0), 경남(1.8), 대전(1.7), 경북(1.7), 인천(1.3), 경기(1.2), 충남(1.1), 충북(1.0)의 순으로 나타났다. 인구당 예술활동지수를 살펴봐도, 서울은 지방보다 적게는 2배에서 크게는 6배까지 높게 나타나고 있다.

그런데 얼핏 수도권에 속한 인천과 경기의 낮은 예술활동지수가 의아할 수도 있겠다. 인천과 경기의 예술활동지수는 경북이나 충남·충북과 비슷하게 나타나고 있다. 하지만 이 지역 주민들의 문화예술 체험 기회가 낮다고 말하긴 힘들다. 수도권은 7개의 기관이 운영하고 있는 30개 지하철 노선이 하나의 단일생활권으로 촘촘하게 엮고 있기 때문이다. 수도권 내 역만 해도 644개소나 된다.[26] 인천 사는 상당수의 사람들이 서울에서 일하고, 서울에서 쇼핑한다. 경기도 지자체 중 가장 인구가 많은 도시는 고양시·용인시·성남시인데, 이곳에 사는 주민 상당수는 자신을 '서울 사람'이라 여긴다. 앞으로 세 개의 GTX(광역급행철도) 라인도 추가될 예정이다. GTX가 깔리면 의정부-서울역은 8분(지금은 32분 걸린다), 일산-서울역은 13분(지금은 63분), 송도-서울역은 23분(지금은 87분), 동탄-서울역은 23분 거리(지금은 82분)로 축소된다. 수도권은 통으로 '동네 생활권'이 될 것이 명백하다.

사실, 지역 간 문화 격차는 양보다 질적 측면이 더 크다. 수도권 주민들이 대표적으로 꼽고 있는 공연과 전시 문화시설을 보자. 예술의전당·세종문화회관·금호아트홀·영산아트홀·국립국악원·경인미술관·인사아트센터·아트스페이스·모차르트홀·국립극장 등에선 굵직한 행사들이 많이 개최된다. 여기서 개최되는 이벤트는 양적으로도 많지만, 질적으로도 최고인 경우가 많다. 지방에선 '볼 만한 전시, 혹은 세계적 공연은 대부분 서울에서 열리고 있다'고 푸념하기도 한다. 부산 출신의 서울시민에게서 "부산에 살 때 서울 사람들에게 큰 열등감을 느꼈다"는 고백을 듣기도 했다. 특히 어떤 점이냐고 물으니 '문화 격차' 때문이었단다. 예술의전당과 세종문화회관에서 개최되는 행사들을 보며 부산이 참으로 작게 보였다는 얘기다. 부산 출신이 그렇게 생각할 정도면, 다른 지역이 느끼는 열등감은 묻지 않아도 뻔하다. 이건 그들이 실제로 얼마나 문화생활을 즐기는지와는 다른 문제다. 문화격차는 '실제로 얼마큼 가는지'도 중요하지만, '원할 때 갈 수 있는지'도 중요하다. '기회'가 있는지 없는지도 중요한 것이다.

문화의 격차는 '양'과 '질'에만 국한되지 않는다. 지방은 양도 적지만, 시설 이용의 측면에서도 상대적으로 불편하다. 지역별로 가장 가까운 공연문화시설까지의 거리를 보자.[27] 여기서 얘기하는 거리는 '도로'를 통해 이용할 수 있는 접근거리다. 서울 주민들의 경우, 공연문화시설까지의 평균 접근거리는 1.76km에 불과하다. 다른 대도시들인 부산(4.28km), 대전(4.48km), 대구(5.03km), 광주(5.62km), 인천(6.40km), 경기(6.67km), 울산(7.23km) 주민들의 경우는 공연문화시설이 4~7km 정도 떨어져 있다. 이건 그래도 사정이 나은 편이다. 강원(12.28km), 경북(11.48km), 전남(10.11km), 경남(9.92km), 전북(9.33km), 충북(9.30km), 충남(9.14km) 주민들은 평균 9km를 넘게 가야 이런 시설들을 이용할 수 있다.

도서관 접근성도 마찬가지다. 접근성이 가장 좋은 서울(1.59km)과 가장 나쁜 강원(13.34km)을 비교하면 무려 8배가 넘게 차이가 난다. 공공체육시설까지의 주민 평균 접근거리 역시 가장 짧은 곳이 서울(1.49km)이고, 가장 긴 곳이 경북(10.67km)이다. 이 두 지역의 차이가 7배에 달한다. 노인여가복지시설은 어떨까? 예상했듯이 가장 좋은 곳이 서울이다. 서울은 2.03km로, 가장 좋지 않은 강원도(27.51km)와 경북(22.76km)과 각각 13.5배와 11배 차이가 나고 있다.

지방에 문화여가시설이 부족하니, 더 많이 만들자고 주장하는 건 아니다. 지방엔 다수의 시설들이 놀고 있지 않은가. 실제로 지방 중소도시의 도서관이나 체육시설엔 이용자가 많지 않아 썰렁한 곳이 많다. 이렇게 이용률이 낮은 이유는 수요가 부족해서가 아니다. 수요자들이 공간적으로 너무 퍼져 있기 때문이다. 문화여가시설의 질을 높이고 접근성을 높이는 방법으로 가장 좋은 건 『지방도시 살생부』에서 제시했던 것처럼 도시를 압축하는 것이다.

도시 압축을 특정 지역에 주민들을 강제 이주(?)시키는 걸로 오해하지 마시라. 도시 압축은 인구가 아닌, '시설'에 대한 배치계획이다. 병원·관공서·은행·체육시설·도서관 등의 시설이 교통의 결절점을 중심으로 모이게끔 '유도'하는 것이다. 교통결절점 주변에 민간 시설들이 들어올 경우 건축비 보조 등의 인센티브를 주는 방식으로 말이다. 이렇게 시설이 집중되면, 인구는 그 주변으로 자연스레 모이게 되어 있고 시설들의 이용율도 올라간다.

귀향하는 사람들이라고 썰렁한 환경을 원하지 않는다. 남은 여생을 타인과 격리되어 살고 싶어 하지도 않는다. 이들도 다른 이들과 함께 어울려야 행복감이 올라간다. 그러니 귀향인들이 흩어져 살지 않도록 정책을 만들어 나가는 게 중요하다. 이런 의미에서 매력적인 귀향 공간의 조건 중 하나는, 문화여가시설 및 복지와 행정시설들이 모두 집중되어 있는 것이다. 그래서 기존 주민들과 어우러져 살 수 있어야 한다. 도시의 외곽에 별도의 귀향 주택지를 만들어 이들을 분리시켜서는 안 된다. 원도심에 빈집이 밀집되어 있는 곳이 있다면, 그곳들을 개발해서 단지화할 수도 있다.

또한 관광지(유원지) 일부의 용도를 변경해 주택을 마련하고, 귀향인들이 살면서 일자리도 얻게 하는 방법도 있다. 중요한 건, 시설과 사람들이 모인 곳에 귀향인들을 받아야 이들이 성공적으로 정착할 확률이 높아진다는 점이다.

귀향인 주택은 기존 마을과의 연계를 고려해야 한다

지방은 귀향인들을 맞을 준비를 해야 한다. 귀향인이 내려오면서 공간구조도 빽빽하게 만들어야 한다. 조밀한 환경 속에서 다른 이들과 소통하도록 기반을 마련해주어야 한다. 하지만 실제로 귀향인을 위한 정책은 이와는 반대로 진행돼왔다. '신규'나 '뉴New'라는 단어를 붙여가면서까지 기존 마을과 동떨어진 곳에 마을을 조성했다. 귀향을 촉진하기 위한 가장 대표적인 주택단지사업부터 보자. 단지형 마을조성은 '신규마을 조성사업'과 '농어촌 뉴타운 조성사업'이 있다.

우선, 정부는 농촌지역의 활성화를 위해 1991년부터 '문화마을 조성사업'을 벌였다. 농촌지역에 일종의 전원주택단지를 건설하는 사업이다. 하지만 관 주도로 이루어진 문화마을 조성사업은 지지부진했다. 그래서 2005년에는 '전원마을 조성사업'이라 이름을 바꾸어 사업을 다시 정교하게 규정했다. 2010년에는 이름이 '신규마을 조성사업'으로 또 바뀌었다. 이름은 계속 바뀌었지만 기본적인 내용은 거의 유사하다.

아무튼 신규마을이란 '새롭게 만들어진 농어촌 마을'을 의미한다. 신규마을 조성사업은 도시에 살고 있는 사람들을 농어촌으로 유입시키려는 목적을 가지고 있다. 입주자 중 도시민도 50% 이상이 되어야 하니, 뚜렷한 귀향촉진사업이라고 할 수 있다. 사업 규모가 그리 큰 건 아니다. 사업을 추진하기 위해서는 20세대 이상의 단지를 만들어야 한다. 10억 원에서 36억 원 사이의 사업비(국비 70%, 지방비 30%)를 지원해준다. 문제는 이렇게 만든 전원주택단지와 기존의 마을 사이에 그다지 큰 교류가 있지 않다는 거다. 실제로 이런 주택단지 내 입주자를 대상으로 한 설문조사에서는 대부분이 인근 마을과 교류활동이 없거나, 있더라도 일부 주민들 중심의 소규모 활동이 있다고 응답했다.[28]

이곳저곳에서 다수의 사업이 진행되니 일일이 예를 들긴 힘들다. 전남 구례군의 경우만 한번 살펴보자. 구례군에서는 남도지구·추동지구·피아골단풍지구·계산지구·온당지구·운천지구 등에 사업이 진행되었거나 진행중에 있다. 내용을 살펴보면 대부분 기존의 마을과 떨어져 있거나 주변과 격리된 '나홀로' 전원주택단지 개발사업이다. 군위의 중구지구 신규마을, 논산의 황산벌 신규마을, 봉화의 석포지구 신규마을 등 다른 곳에서 진행되는 사업들도 크게 다르지 않다. 이렇게 격리된 형태로 주택단지를 짓는 사업은 '귀향' 촉진이 아닌, '귀양' 촉진 사업으로 전락될 수 있다.

이명박정부는 농촌지역 활성화를 위한 보다 임팩트 있는 사업을 원한 듯하다. 출범과 동시에 2009년엔 '농어촌 뉴타운 조성사업'을 통해 시골에도 뉴타운을 만들려 했다. 귀농귀촌의 대상도

농어촌 뉴타운 조성 시범사업 대상지(2009~2011)[29]

지구명	위치	계획호수 (세대)			조성면적 (m²)
		계	분양	임대	
옛단양	충북 단양군 단성면	100	100	-	139,908
송학골	전북 장수군 장수면	50	25	25	198,000
고창	전북 고창군 고창면	100	70	30	148,000
유평	전남 장성군 삼서면	200	70	130	157,953
죽청	전남 화순군 능주면	200	100	100	177,554
		650	365	285	821,415

30~40대의 젊은이로 잡았다. 사업명을 '새마을'이나 '신규마을'이 아닌 '뉴타운'이란 영어식 이름으로 한 건 농촌에도 젊은이들이 살 수 있다고 알리고 싶었기 때문일까. 아무튼 뉴타운에 들어올 수 있는 입주민의 조건은 상당히 까다로웠다.

　-해당 지역 고령 농어업인의 도시 거주 30~40대 자녀

　-해당 지역에 귀농을 희망하는 도시 거주 30~40대

　-창업후계농업인으로 신규 선정된 자

　-농수산물 가공·유통 및 식품산업 종사 농어업인

　정부(당시 농림수산식품부)는 시범사업 단지 5곳(단양·장수·고창·장성·화순)을 선정했다. 이름대로 '어디 한 번 잘 되나' 테스트하는 성격이라 보면 된다. 시범사업 5곳에 계획한 주택수를 모두 합하면 82만1415㎡에 650호(분양 365호, 임대 285호) 규모였다. 예산은 1200억 원 정도였다. 2012년부터는 이를 확대하여 48개 단

지를 추가로 만들 계획이었다.

하지만 시범사업 대부분이 입주민을 끌어들이는 데 실패했다. 결국 정부는 이 사업을 접었다. 젊은 인구만을 대상(55세 이상의 은퇴자를 배제)으로 했고 비농업인도 제외하는 등 자격 범위가 너무 협소했고, 1헥타르의 농지에 3억 원 정도가 소요되는 등 분양가도 매우 높았던 것이 실패의 이유다.

하지만 이보다 더 큰 실패요인이 있다. 바로 대상지가 기존 마을과 분리되어 커뮤니티 단절문제가 발생했다는 점이다. 장성 사업지의 경우 장성군 시가지나 광주광역시와 그리 멀지 않은 곳에 입지했다. 고창 사업지도 고창읍과 사실상 동일 생활권이다. 이 두 사업지는 어려움이 없는 건 아니었지만 그래도 선전한 편이다. 하지만 단양·장수·화순 사업지는 도심과 10km 정도 떨어져 있어 주변 생활인프라 접근성이 떨어졌다. 분양이 순탄할 리가 없었다. 실제로 귀향을 생각하는 베이비부머들은 지방의 생활여건에 대해 많은 걱정을 하고 있다.

"고향에서의 생활 자체에 대한 로망은 누구에게나 있어요. 단지 거기가 살 여건이 안 되니까 여기를 못 떠나고 있는 거죠. 기본적인 인프라가 제대로 갖춰지지 않아서 마냥 쉽게 귀향을 결정할 수 없어요. 나이가 들면 체력이 약해져 편안한 환경에서 살고 싶어 해요. 아무래도 고향은 살기에 좀 불편하고, 대도시가 훨씬 좋잖아요."(E씨)

"그냥 '시골'이라 불편한 점이 정말 많아요. 도시보단 환경이 많이 뒤처지잖아요…. 시골은 진짜 내가 어디 가고 싶을 때 그냥 바로 갈 수가 없어요. 자가용이 없으면, 버스라도 도시처럼 이용할 수 있으면 좋은데… 버스도 자주 오지 않아 마트 한번 나가기도 어려우니까… 오히려 시골보단 서울이 더 좋은 환경인 것 같거든요. (…) 숲과 나무와 가까이 지내고 싶어 시골에 가서 살지만, 가벼운 산책을 하는 것도 대도시보다 쉽지 않다는 거죠."(A씨)

"생활하는 데 있어서는 좀 편하면 좋겠어요. 고향에 벌초를 하러 한 번씩 다녀올 때면 '서울이랑 고향이 참 차이가 많이 나는구나', 이런 생각이 들죠. 9시가 되면 상점의 불빛이 하나씩 꺼지기 시작하는데 나갈 수가 없어요. 전체가 어두컴컴하거든요. 그러면 이른 저녁이라도 더는 할 게 없어요."(B씨)

"가끔 정말 마음이 갑갑하다고 느낄 때가 있어요. 어딘가에 갇힌 것처럼 말이죠. 만날 사람이 없어 외롭더라고요. 속이 타는 거예요. 전 '속이 탄다'는 말만 들었지, '속이 탄다'는 말의 의미를 시골 와서 처음 제대로 느껴봤어요. 도시에서 살 때 일 끝나고 친구들이랑 만나서 한 잔 하는 게 참 행복했거든요. 친구들이 다 가까이 사니까 자주 보면서 이런저런 이야기를 나누곤 했어요. 여기선 일이 끝나고 놀 친구가 없어요. 재미가 없죠. 내가 친구를 보러 가지 않는 이상 만나기가 어려워요. 만나러 가는 것도 일이고요. 친구들이 종종 절 보러 올 때면 '면회 왔다'고 말해요. 그럴 땐 저도 면회 와줘서 고맙다고 답하죠."(D씨)

이런 인터뷰 내용에서 얻을 수 있는 시사점은 무엇일까? 주택단지사업으로 도시민을 유치하고자 한다면, 그들의 입맛에 맞추어야 한다는 것이다. 입주하는 사람들이 가진 욕구를 이해하는 것이 중요하다. 이들은 어느 정도 '농촌의 삶'뿐만 아니라 어느 정도 '도시적 삶'도 누릴 수 있고 '타인과 교류할 수 있는' 곳을 원한다. 이런 조건을 갖추려면 기존의 마을에서 단절되지 않은 곳이어야 한다. 물론 도시적 삶에 지쳐 스스로 고립을 택하는 소수의 사람들도 있다. 하지만 고립의 만족감은 잠시뿐이다.

은퇴자 주거단지가 대안으로 떠오르고 있다

해외에선 고령자들이 모여서 함께 사는 단지가 주목을 받고 있다. '은퇴자 주거단지Continuing Care Retirement Communities(이하 CCRC)' 란 이름으로, 은퇴한 고령자들이 '지속적인 돌봄care'을 받는 마을이 여기저기서 생기고 있다. 여기서 돌봄은 건강뿐만 아니라, 고령자들의 생활 전반에 걸친 보살핌을 의미한다. 의료서비스를 넘어서는 포괄적 개념이란 뜻이다.

CCRC는 우리가 익숙한 '고령자 시설(요양병원·요양원 등)'과는 큰 차이가 있다. 먼저, 고령자 시설은 요양이 필요한 상황에서 입소하지만, CCRC는 건강할 때 들어가 행복한 여생을 보내는 걸 목표로 한다. 둘째, 고령자 시설에서 고령자는 요양을 받는 '수동적 존재'였다면, CCRC에서는 일과 학습, 그리고 자율적으로 봉사도 하는 '적극적 주체'가 된다. 셋째, 고령자 시설은 그 자체가 독립적으로 주변과의 상호작용이 거의 없다. 반면에 CCRC는 지역사회 주민들과의 활발한 교류를 원칙으로 한다.[30]

CCRC의 원조는 1960년대부터 '은퇴자 마을'을 만든 미국이다. 대표적인 곳이 1960년대와 1970년대에 걸쳐 만들어진 선시티Sun City다. 단어 그대로 미국 남서부 애리조나주 날씨 좋은 곳에 위치한 '태양의 도시'이다.(애리조나주에서 가장 큰 도시인 피닉스 시내에서 선시티까지는 1시간 정도 걸린다.) 규모도 어마어마하다. 약 37만 km^2(약 1100만 평)의 땅에 2만6000가구(4만 명 정도)가 거주할 수 있게 계획했다. 인구수로만 보면 우리나라의 구례·진안·청송·화천·무주와 비슷하니, 도시급 마을이라고 할 수 있다. 55세 이상만 입주할 수 있는 이곳엔 도서관·우체국·미용실·약국·이발소·여행사·양복점·안경점뿐만 아니라 수영장·골프장·테니스장 등 주요 생활시설은 모두 갖추고 있다. 취미여가 프로그램도 200개가 넘는다. 가장 중요하게는 525병상 규모의 종합병원도 있다.

선시티가 선풍적인 인기를 끌자 미국 곳곳에는 다양한 형태의 CCRC가 우후죽순으로 생겨났다. 현재 미국에는 간병 등의 의료 서비스 시설이 갖추어진 약 2000여 개소의 CCRC에서 75만 명 정도의 은퇴자들이 거주하고 있다. 대부분 민간에 의해 개발되어 운영되고 있는데, 이건 미국에서는 CCRC가 돈 되는 장사라는 걸 의미하기도 한다.

반면 일본에서는 지방 소멸에 대응하는 정책 차원에서 CCRC 모델을 운영하고 있다. 일본 정부는 미국의 CCRC를 참조해 '일본판 CCRC'를 만들었다.(일본에서는 이를 '생애활약마을'로 부른다.) 이 CCRC 모델은 미국과는 성격이 크게 다르다. 미국의 경우에는 부유한 은퇴계층이 CCRC를 선택하는 반면, 일본에서는 20만 엔(200

만 원) 정도의 연금으로 생활하는 평범한 은퇴자들이 그 대상이다. 또한 미국에서는 민간의 영리목적에 의해 CCRC가 만들어졌지만, 일본의 CCRC는 지방의 인구유출로 도쿄권(일본의 수도권)과 지방 간의 격차가 커지자 이를 막기 위해 등장한 정부의 대안이다.

일본 정부가 CCRC에 희망을 거는 데는 이런 점도 작용했다. 도쿄에 살고 있는 사람들을 대상으로 '지방으로 이주할 의향이 있는지'를 묻는 정부의 설문조사에 50대 남성의 50.8%, 여성의 34.2%가 그렇다고 대답했다.[31] 60대 남성은 36.7%, 여성은 28.3% 가 이주 의향이 있다고 답했다. 일본의 CCRC는 대도시 인구를 분산시키는 일종의 '지방살리기' 정책이었고, 교부금을 활용하기 위한 지자체의 노력도 더해져 CCRC는 빠르게 확산됐다. CCRC가 2018년 현재 전국 1788곳의 지자체 중 121곳(6.8%)에서 운영되고 있을 정도이다.

일본이 강조하는 CCRC의 핵심요소는 크게 '거주' '돌봄' '활약'의 세 가지이다. 여기에 '이주'와 '커뮤니티'라는 두 요인이 더해지기도 한다. '거주'는 고령자가 거주할 안정적인 '주택'의 공급에 관한 것이다. '돌봄'은 제대로 된 치료와 요양서비스를 통해 건강을 돌보는 것이다. 또한 쇼핑·배식 등의 일상생활을 대행해주는 것도 지속적인 돌봄에 들어간다. 이 두 가지가 합쳐지면 '집 걱정 없는 건강한 고령자'가 된다. 하지만 이걸로 충분하지 않다. 집 있고 건강한 고령자는 적극적으로 사회활동을 해야 한다. 일을 하고, 무언가를 배우고, 자원봉사를 해서 지역 주민으로서 보람을 느끼는 것, 이게 '활약'이라는 요소이다.

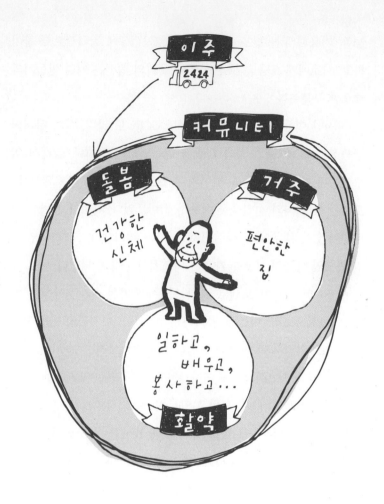

　　'거주+돌봄+활약'이 융합되면 행복한 고령자가 된다. 이런 고령자들이 넘치는 마을이 지속되기 위해서는 '이주'가 용이한 시스템이 갖추어져야 한다. 특히 정보가 부족한 외지인과, 신체적 제약이 있는 고령자의 경우는 체계화된 이주 시스템이 무척 중요하다. CCRC의 궁극적 지향은 '거주+돌봄+활약+이주'를 토대로 지속가

능한 '커뮤니티'를 만드는 데 있다. 마을 활동에 적극적으로 참여하고, 서로에게 도움을 주는 공동체 문화의 형성은 지역 만들기의 중요한 부분이다.

하지만 이상은 이상일 뿐, 실패한 CCRC도 많다. 실패 사례의 공통점은 CCRC를 도시의 외곽에 만들었다는 것이다. 그래서 입주민들이 지역 주민들과 섞이지 못했고, 관공서·문화체육시설·도서관 등 지역의 시설들을 이용하기 힘들었다. 자녀가 간병을 할 의향이 있는 경우에도, 이런 곳에는 가기 꺼려했다. 그래서 '입지'가 귀향인 마을의 성패를 가르는 대표적인 이유가 되었다.

CCRC의 초창기 모델로 불리는 후쿠오카현 아사쿠라시에 있는 '미나기노모리' 마을을 답사한 적이 있다. 나지막하지만 둔중한 산으로 둘러싸인 아늑한 느낌의 미나기노모리는 1996년 오픈한 일본 최초의 고령자 마을이다. 총면적 126만6000㎡(약 38만 평)의 구릉지를 깎아 804구획의 분양토지(부지면적은 평균적으로 90평 정도)를 만들었다. '슬로 라이프 타운'을 표방한 이 고령자 마을에는 없는 게 없다. 미국 CCRC를 참고해 골프장과 문화시설을 갖추었다. 각종 동우회, 노래교실, 만들기 모임, 스포츠교실 등 마을 프로그램도 연중 내내 열었다. 하지만 이 마을은 분양 초기에 반짝 관심을 끌었을 뿐, 25년이 지난 지금도 분양중이다. 목표인구가 1000명이었는데, 이 마을이 가장 잘 나갔을 때 650명 정도가 거주했다고 한다. 이마저 인기가 시들해지면서 사람들이 썰물처럼 빠져나갔다. 미나기노모리 마을은 생존을 위해 파격적인 결정을 했다. 실버세대가 아닌 30~40대 현역세대를 입주시켰다. 그러나

이것도 충분치 않자 빈 건물을 신축 가격의 60% 정도에 판매하고 있는 중이다. 미나기노모리가 고전하는 이유는 간단하다. 미나기노모리는 아사쿠라시 시내와도 꽤나 동떨어진 고립된 곳이기 때문이다.(아사쿠라시는 인구 5만의 아담한 도시이다.) 가장 가까운 대도시인 후쿠오카시까지 가는 데는 자동차로 1시간이 넘게 걸린다. 노인들에겐 자주 방문하기 버거운 거리다. 자녀들마저 시골 마을로 들어오길 부담스러워하니 미나기노모리는 일종의 섬이 되어버렸다.

도시 외곽에 만들어진 고령자를 위한 CCRC는 두 가지 큰 단점이 있다. 하나는, 마을을 만드는 데 큰 비용이 들어간다는 점이다. 땅도 사야 하고, 건물도 새롭게 지어야 하기 때문이다. 건설비용이 높아질수록 입주민이 지불해야 하는 비용도 커진다. 가난한 은퇴자들은 들어오기 힘들다는 뜻이다. 또 하나는, 고령자들만 가득한 CCRC는 오래가지 못한다는 점이다. 노쇠한 고령자가 떠나면, 또 다른 입주자를 지속적으로 찾아야 한다. 입주자가 지속적으로 유입되지 않으면 마을 내 프로그램을 유지할 수 없다. 문화시설의 관리·유지비 또한 감당할 수 없다. 그럼 이런 단점은 어떻게 보완할 수 있을까?

빈집을 정비하며 귀향인 마을을 만들자

여기서 잠시 서천 어메니티 복지마을을 소개하고자 한다. 이

마을은 보건복지부로부터 300억 원을 지원받아 만들어진 '농어촌 복합노인복지타운'이다.(서천군은 인구가 5만4000명인 조그만 지자체다. 대부분의 조그만 지자체가 그러하듯 서천군도 지난 20년간 청년인구의 유출로 고전하고 있다.) 설립 10년이 조금 넘은 마을로, 여러 군데서 대표적인 의료연계형 고령자 마을로 소개된 유명한 곳이다.

이 마을에는 CCRC가 갖추어야 할 세 가지 핵심요소들이 다 들어가 있다. LH가 65세 고령자만을 위해 지은 107세대의 단지는 깨끗하고 편안하며(주거), 요양원과 요양병원이 노인들에게 극진한 정성을 쏟고 있으며(돌봄), 복지관에서 여러 문화활동을 제공해 주민들이 적극 참여하고 있다(활약). 이 마을에는 게다가 다른 마을에는 없는 장애인들을 위한 작업장과 복지관까지 갖추어 있다. 그런데 이 복지마을의 지속가능성에 대해서는 의구심이 들게 된다. 외딴 곳에 위치해 있다는 점 때문이다. '대규모 마을'이 아닌 한, 입주민들의 요구를 충족하는 데는 한계가 있다. 이분들에겐, 동사무소·쇼핑센터·꽃가게·철물점뿐만 아니라 가끔 기분을 낼 수 있는 레스토랑도 필요하다. 이런 걸 다 넣으려면 미국 선시티 정도의 규모에 많은 거주민이 모여 살아야 한다.(서천 어메니티 복지마을은 천주교 대전교구가 운영하며 여러 수녀님들과 자원봉사자들이 열정을 쏟고 있다. 그렇기에 외딴 곳에 떨어졌어도 유지가 가능한 것으로 보인다.)

우리의 경우에 가장 적합한 방식은, 빈집이 밀집된 지역을 중심으로 정비사업을 진행하고 여기에 외지인을 유치하는 것이다. 입주민들은 주변의 관공서·도서관·체육시설을 이용하기 편하고,

지역공동체의 일원으로 참여하며 이웃과 관계를 만들어 나갈 수 있다. 중앙정부도 '신규마을' '뉴타운' 등 새로운 마을을 또 다시 만드는 게 아니라, 기존의 마을 속에서 빈집 등을 정비해 이주민을 유치하려는 지자체를 돕는 쪽으로 관련 제도를 보완해가야 한다.

일본도 몇 차례의 경험을 통해 교통이 좋지 못한 곳에 고령자 마을을 만들면 실패한다는 것을 깨달았다. 최근 일본에서는 농촌의 빈집을 활용해 고령자 마을을 만드는 움직임이 일고 있다. 지자체의 입장에선 빈집도 채우고, 인구도 늘이고, 비용도 절감할 수 있기에 1석 3조다. 초고령사회 일본에선 빈집문제가 사회적 과제로 떠오른 지 오래되었다. 2018년 기준으로 전체 주택의 13.6%인 846만 채가 빈집이다. 이런 빈집은 고령자들이 요양병원으로 옮기거나 사망하면서 생기는 경우가 가장 많다. 사람의 손을 타지 않은 집은 빠르게 망가지고, 망가진 집은 주변도 슬럼화시킨다. 이를 막기 위한 방법은 두 가지밖에 없다. 집을 부수거나, 아니면 새 주인을 찾아주거나. 하지만 사유재산인 빈집을 지자체가 마음대로 부술 수는 없다. 그래서 이들이 택한 건 '새 주인 찾아주기'로, '빈집은행(일본말로 아키야뱅크空き家バンク)'을 운영하며 빈집 거래를 촉진하고 있다.

한 지자체의 예를 보자. 사가현 아리타정은 인구 2만 명 정도의 조그만 지자체로 도자기가 유명한 곳이다. 인구가 빠져나가 버려진 집이 많아지자 우선 빈집은행부터 만들었다.[32] 그런 다음 '유통 촉진 장려금'을 지급했다. 빈집은행에 매물을 등록한 소유주에게는 100만 원(10만 엔), 빈집을 구매한 사람에게는 200만 원(20만 엔) 정도를 지원한다. 구매자가 아리타정으로 주소지를 옮기면 100만 원(10만 엔)을 추가로 준다. 외지인이 집을 사면 모두 300만 원을 받게 되는 것이다. 이뿐만이 아니다. 빈집 리모델링을 할 경우 비용의 반을 지원해준다. 상한액은 500만 원(50만 엔)이다. 단, 리모델링 보조금을 받는 데 조건이 있다. 리모델링 비용이 200만 원(20만 엔) 이상이어야 하며, 마을의 업체가 시공을 맡아야 한다. 이는 빈집의 정비를 통해 마을 업체도 살리려는 이중의 효과를 노린 것이다.

아리타정의 빈집 활용 노력은 여기서 그치지 않았다. 빈집을 활용해 '학생용 셰어하우스'나 '공유 아틀리에(도자기를 만드는 스튜디오)'를 만들었다. 또한 인근의 아리타요업대학교(도자기 전문과정을 운영)의 학생들을 위해 공유시설을 만들어주고, 여기에서 학생과 지역주민, 외지인들이 함께 어울릴 수 있도록 했다. 이 공유시설을 만드는 비용은 크라우드 펀딩으로 충당했다. 이런 노력이 있었기 때문일까. 아리타정의 인구는 20년이 넘도록 인구 2만 명 수준을 꾸준히 유지하고 있다.

귀향인 마을에 대학을 끌어들이자

이제 CCRC의 두번째 단점인 '고령자들만 가득한 CCRC는 지속가능하지 않다'는 점을 짚어보자. 일본 정부에서는 CCRC의 경제적 파급효과를 분석한 적이 있다.[33] 50가구(이 중 2인 가구비율을 20%로 가정하면 모두 60명)가 CCRC로 유입된다는 가정하에 시행한 분석이다. 50대:60대:70대의 비율을 45:15:40로, 이주자 1인당 방문객을 1.5명으로 가정했다. 분석 결과, 매해 발생하는 직접효과는 140만 엔(1400만 원) 정도로 나타났다. 직접효과는 입주자와 방문자들이 주거와 구매, 교육행위 등을 했을 때 나타나는 경제적 효과이다. 간접적 파급효과도 있다. 이들의 소비행위가 또 다른 산업을 자극해서 나타나는 1차 파급효과와 2차 파급효과다. 이 분석에서는 1차 파급효과는 70만 엔(700만 원)으로, 2차 파급효과는 50만 엔(500만 원)으로 나타났다. 이를 모두 합치면 260만 엔(2600만 원) 정도의 경제적 효과다. 그러면 CCRC가 활성화되어 1000가구가 이주했다고 칠 경우 단순계산으로 매년 발생하는 경제적 효과는 5200만 엔(5억2000만 원)이다. 10년만 지속해도 우리 돈으로 50억 원이 넘는 경제적 파급효과를 창출하게 된다.

물론 이런 효과들이 지속가능하기 위해서는 새로운 인구가 지속적으로 들어와야 한다. 지금이야 고향에 대한 기억이 남아 있는 베이비부머들이 이주를 희망하고 있지만, 시간이 지나면 이들도 나이가 들어 이주하기 힘든 상황이 될 것이다. 그러니 이들이 한시라도 젊을 때 입주자들이 지속적으로 유입될 수 있는 CCRC 모델을 정착시킬 필요가 있다. 그렇게 해서 지금의 베이비부머만이 아니라, 장기적인 노인 주거복지를 위한 기반을 마련해야 한다.

그런 점에서 대학이 적극적으로 참여하는 '대학연계형 CCRC'에 주목할 필요가 있다. CCRC가 추구하는 '활약' 요소에는 일하고, 봉사하고, 배우는 개념이 녹아들어 있다. 대학연계형 CCRC는 그 가운데 '평생교육'의 개념이 강화된 형태이다. 베이비부머들은 '소비력'이 높고, 은퇴 후 '남은 시간'도 많다. 게다가 '지적 호기심'이 높다. 이들에게 딱 맞는 곳이 대학이다. 대학이라는 공간(혹은 대학과 인접한 곳)은 은퇴자들이 안착할 수 있는 너무나 좋은 환경을 제공한다. 대학과 주변지역의 기반 시설을 활용할 수 있기 때문에 초기 비용이 많이 들지 않고, 무엇보다 대학 졸업생들을 유치 대상으로 삼기에 지속적인 유입이 가능하다.

대학연계형 CCRC의 개념은 조지메이슨대학George Mason University의 앤드류 칼Andrew Carle에 의해 처음 제안되었다. 그는 대학연계형 CCRC가 가져야 하는 다섯 가지 바람직한 특성을 제안한 바 있다.[34]

■ 대학 근처에 위치할 것
■ 주거단지와 대학 간 프로그램 운영에 관한 공식적인 동의가 있을 것
■ 활동적 노인부터 치매환자에 이르기까지 다양한 프로그램을 제공할 것
■ 단지 내에서는 재정적 문제를 공유할 것
■ 적어도 거주자의 10%는 대학 관련자일 것

대학연계형 CCRC는 '개발' 혹은 '관리' 측면에서 대학이 어느 정도로 관여하는지에 따라 운영 형태도 가지가지다. 가장 적극적인 형태의 대학연계형 CCRC는 캘리포니아주 데이비스시에 위치한 '유니버시티 은퇴커뮤니티'다. 이 주거단지는 캘리포니아대학

데이비스 캠퍼스에서 10분 거리에 위치하고 있다. 주거단지는 대학에서 제공한 것이다. 대학연계형답게 전체 거주자의 50% 정도가 대학에서 은퇴한 교수나 직원들이다. 대학은 단지 내 거주자들이 대학의 평생교육원에서 수업을 들을 수 있게 프로그램을 제공한다. 대학 내 특강도 들을 수 있다. 또한 거주자들이 강사로 나설 수 있는 기회도 제공할 뿐만 아니라, 대학생들에게 주거단지 내에서 자원봉사를 할 기회도 주고 있다. 세대간 교류가 가능하도록 프로그램을 짠 것이다.

최근 일본에서도 대학과 CCRC를 연계하려는 노력이 활발하다. 일부 대학은 젊은 학령인구의 진학에만 의존하는 대학의 경영방식을 바꾸려 노력하고 있다. 고착화된 저출산으로 젊은 인구가 점차로 감소하고 있기 때문이다. 그래서 경제적 시간적 여유가 있는 단카이세대를 대상으로 각종 강의뿐만 아니라 체육활동과 레크리에이션을 제공하려 한다. 간사이대학(고베시에 위치)은 대학이 직접 나서서 한 주식회사와 공동으로 고베시에 대학연계형 CCRC를 만들었다.[35] 여기에 입주하는 사람들은 CCRC나 대학캠퍼스에서 강의를 들을 수 있다. 대학도서관과 식당도 자유롭게 이용할 수 있다. 수업료도 과목당 30만 원 정도(2만8000엔)로 그리 비싸지 않다. 학생들의 일부는 CCRC 입주자에게 장학금을 지원받기도 하고, CCRC의 직원으로 일하기도 한다.

우리나라도 대학연계형 CCRC 모델을 만들어 나갈 필요가 있다. 대학은 평생교육을 통해 놀 거리와 배울 거리를 동시에 제공하면서 귀향인을 끌어들이는 구심점이 될 수 있다. 또한 위기를

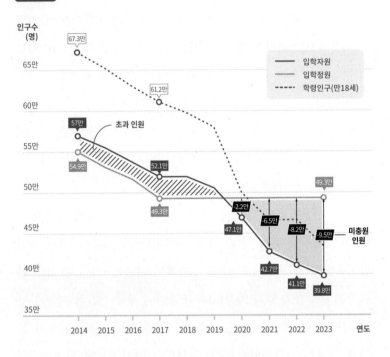

도표 21 입학가능자원의 감소[36]

겪고 있는 지방대학들에게는 이런 대학연계형 CCRC가 생존을 위한 기회도 될 수 있다.

지방대학 위기의 가장 직접적인 원인은 출산율 하락으로 인한 학령인구(유치원 및 초중고에 다니고 있는 인구) 절벽 현상이다. 2010년엔 고교 학령인구(15~17세)가 200만 명 정도였지만, 지금은 150만 명 아래로 떨어졌다. 2025년 정도가 되면 100만 명 수준일 것이라 한다. 2013년 고교 졸업자수는 63만 명 수준이었지만 2024년에는 40만 명 아래로 떨어질 것이 확실시되는 상황이다. 설상가상으로 대학진학률도 감소했다. 2010년엔 고교졸업생의 80% 정도가 대학에 진학했다. 하지만 10년이 지난 2018년 대학진학률은 70% 아래로 떨어졌다.

2019년 전국 대학의 입학정원은 49만3000명 수준이다. 반면에 입학가능자원(고3학생과 재수생의 수에 대학진학률 등을 고려해 추산한 인구수)은 50만6000명 정도다. 굳이 경쟁률을 계산해보자면 1.03대 1이다. 대학 정원에 비해 입학가능자원이 많은 시기는 2019년이 마지막이다. 당장 올해부터는 경쟁률이 1 이하로 떨어진다. 입학가능자원이 급속히 줄어들기 때문이다. 당장 내년도의 미충원 인원만도 2만2000명이다. 상황은 매년 악화되어 5년 후인 2024년에는 12만4000명의 입학생이 부족하게 될 전망이다.

여기에 입시생들의 수도권대학 선호 현상은 지방대학의 위기를 가중시킨다. 너도나도 수도권대학을 원하니 학령인구의 감소는 실질적으로 지방대학에만 영향을 주고 있는 게 현실이다.

진학 희망자가 빠른 속도로 줄어드는 10년간 지방 사립대학은 생존전략을 짜야 한다. 위기의 대학들이 20대 초반의 젊은이들만을 대상으로 한다면, 희망은 없다. 다가올 파국을 타개하는 방법은 단 하나. 평생교육을 강화하는 것뿐이다. 특히 베이비부머들을 대상으로 한 평생교육 활성화는 제2의 삶을 준비할 수 있게 할 뿐 아니라, 이들에게 새로운 인간관계를 맺을 기회도 제공한다. 평생교육 프로그램은 제2의 인생을 준비하는 사람들의 욕구에 맞춰 진화해야 한다. 이들은 새로운 지식 습득과 직업교육만큼이나 함께 어울릴 공간을 간절히 원한다.

이런 걸 가능하게 하는 가장 좋은 방법은 '한국형 대학연계

CCRC'를 만드는 것이다. 대학을 중심으로 주거지를 마련하고 대학에서 제공하는 교육과 문화생활을 매개로 서로 어울릴 수 있게 해야 한다. 대학이 베이비부머들이 새로운 사업을 구상하는 인큐베이터가 될 수도 있고, 여기에 학생들이 결합하는 것도 가능하다. 이렇게 교직원과 학생들이 CCRC에서 역할을 할 수 있도록 하고, 또 역으로 CCRC 입주민들이 대학의 '준'구성원이 될 수 있게 한다면, 보다 많은 귀향인을 끌어들이는 데 도움이 될 것이다.

대학과 연계된 우리나라의 고령자주택

아직 우리나라엔 진정한 의미의 CCRC가 없다. 이런 상황에서 국내 대학들이 고령자주택을 만드는 데 뛰어들고 있다. 가장 대표적인 예는 건국대학교가 개발한 '더클래식500(THE CLASSIC 500)'과 명지대학교의 '엘펜하임'이다. 두 경우 모두, 노인복지법에 따른 '노인복지주택*'이다. 먼저, 건국대가 운영하는 '더클래식500'부터 보자.[37] 두 동(A동 50층, B동 40층)으로 구성된 더클래식500의 건물은 건국대학교 바로 옆에 지어졌다. 영화관과 먹자골목 등이 즐비한 곳으로 도심 한복판이다. 바로 옆에 롯데백화점도 붙어 있다. 이곳에 380세대가 입주해 있다. 모든 세대가 56평 규모로 2009년부터 입주를 시작했다.

나이 드신 분들에 맞지 않게 평수가 너무 크다고 걱정할 필요가 없다. 집안 청소, 세탁까지 처리해주는 '하우스 키핑' 서비스가 제공되고 있으니 말이다. 고령자를 위해 모든 게 맞춤형으로 설계되었다. 실내는 문턱이 없다. 안전을 위해서다. 거실과 주방의 구분도 없다. 동선을 최소화하기 위함이다. 고급 아파트에서 볼 수 있는 피트니스센터, 실내 골프연습장, 스

● 노인복지주택은 법적인 용어로, 일반적으론 '실버타운'이나 '시니어타운'으로 불린다. 실버는 회색의 서글픈 이미지가 담겨 있지만, 시니어는 성숙함과 현명함의 이미지가 더 강해서인지 최근에는 '실버타운'이 아닌 '시니어 타운'이 더 선호되는 듯하다.

파, 수영장, 도서관은 말할 것도 없고 영화감상실인 AV룸, 가족이나 지인이 머무를 수 있는 게스트룸 서비스도 있다. 의료 서비스 수준도 매우 높다. 건국대 병원이 코앞에 있다. 24시간 내내 메디컬 센터와 영상통화가 가능한 화상전화기도 있다. 실버타운 하면 떠오르는 우울한 이미지를 완전히 뒤집은 곳이다.

짐작했겠지만, 더클래식500에 머무는 비용은 꽤나 비싸다. 이곳은 대한민국 상위 1%를 위한 공간이다. 입주하려면 보증금만 8억 원 정도가 든다. 매월 생활비도 350~400만 원 정도가 나간다. 그럼에도 입주율은 100%에 가깝다고 한다. 이런 곳을 대학연계형 CCRC라 말할 수 있겠는가? 사실 더클래식500은 기능적으로 건국대학교의 끈이 그리 공고하지 않다. 필요할 때 건국대병원 의료진이 제공하는 서비스를 받을 수 있을 뿐이다. 입주자들이 대학의 수업이나 세미나에 적극적으로 참여한다거나, 시설을 이용하는 경우는 거의 없다. 학생과 교직원들과의 교류도 거의 없다. 건국대학교는 그냥 노인복지주택 사업에 뛰어들어 돈벌이를 했을 뿐이다.

이제 또 다른 예를 보자. 이번에는 대학이 노인복지주택을 짓다가 완전히 실패한 경우다. 명지학원(명지초·중·고 및 명지대와 명지전문대를 운영하는 학교법인)은 2004년 용인시에 있는 명지대 캠퍼스 내에 고령자주택인 '명지 엘펜하임'을 건설해 분양했다. 336세대가 거주할 수 있는 8개 동으로 구성된, 흔히 볼 수 있는 아파트단지 모양을 갖추고 있다. 단지 내 복지관에는 사우나, 피트니스센터, 수용장 시설도 넣었다. 당시 9홀짜리 골프장을 지어 입주자들에게 평생 무료로 제공하겠다는 광고도 했다. 하지만 골프장은 없었다. 건설사는 부도가 났고, 골프장 허가도 받지 못했기 때문이다. 입주민들과 명지학원 간에 소송이 몇 년째 이어지고 있다.

각종 매체에서 하나는 성공 사례로, 다른 하나는 실패 사례로 소개되고 있다. 하지만 이 둘 모두 진정한 의미의 대학연계형 CCRC는 아니다. 하지만 대학의 이런 시도가 모두 가치가 없는 건 아니다. 앞으로 대학연계형 CCRC의 중요성이 계속 커져갈 것이고, 대학과 지역사회는 이러한 실패 속에서 제대로 된 지역공동체를 만드는 노하우를 축적할 수 있을 것이기 때문이다.

8장

'건강한 노년'에 대한 갈망

베이비부머의 건강욕구를 충족시키지 못하는 지방

베이비부머가 귀향을 결정할 때 주요하게 고려하는 것 중 하나가 새 정착지가 '건강을 챙길 수 있는 곳인지' 여부다. 나이가 들면 이곳저곳이 아픈 건 당연하다. 그래서 거주지 이동에는 병원과 병원비 문제가 중요한 고려사항이 된다.

평균적으로 사람들은 언제부터 병원 출입이 잦아지게 될까? 확인하는 방법은 의외로 간단하다. 연령대별로 매년 얼마만큼의 진료비를 지출하고 있는지 살펴보면 된다. 연령대별 진료비 지출은 전형적인 U자 패턴이다.[38] 출생 직후에는 130만 원 정도의 병원비가 든다. 애기 때는 감기도 자주 걸리고, 예방접종도 수시로 맞아야 하기 때문이다. 초등학생으로 접어들면서 진료비는 50만 원 정도로 뚝 떨어진다. 이때부터 25세까지가 체력적으로는 가장 전성기이다. 쇠를 씹어 먹어도 소화할 나이니 병원도 자주 가지 않는다. 이후 진료비는 아주 서서히 증가하는 양상을 보인다. 50세 정도가 되면, 아기 때만큼 진료비가 소요된다. 그러고는 55세를 넘어가게 되면 진료비는 로켓 상승한다. 60세를 지나면서 연평균 200만 원을 넘어가고, 70세 이상에서는 450만 원도 넘게 된다. 이런 패턴에서 알 수 있는 큰 교훈이 있다. 그건 바로 나이가 들수록 무조건 병원 가까운 곳에 살아야 한다는 것이다.

우리 국민의 기대수명은 81.9세지만 건강수명은 69.5세다. 약 12년간은 건강하지 못한 상태로 병원신세를 많이 져야 한다는 뜻이다. 고령자들은 특히 고혈압과 당뇨병 등의 만성질환에서부터 백내장·치매·폐렴·척추관절병·협심증·임플란트·치주질환 등을 앓는다. 통계청에 따르면 65세 이상 노인인구의 약 50%가 3개 이상의 만성질환을 앓고 있다.[39] 베이비부머들이 여생을 보낼 곳을 결정할 때 의료기관을 경시할 수 없는 이유다.

"서울의 의료시설은 지방과 정말 차이가 많이 나더라고요. 7년 전에 확연히 느낀 적이 있어요. 아버지께서 암 진단을 받으셨는데, 경주 병원에서는 발견을 못 했어요. 뒤늦게 서울의 대형병원으로 모셔 수술을 하시게 됐죠. 그런 순간을 한번 겪으니 정말 무섭더라고요. 그 이후로는 조금이라도 몸이 안 좋아지신 걸 느끼실 때면 서울로 모시고 와요. 지금도 서울의 대형병원에서 치료를 받고 계시구요."(B씨)

"최근에 퇴근을 하다가 무릎이 아팠던 적이 있어요. 정말 고통스러웠죠. 바로 가까운 동네병원으로 갔어요. 무릎에 물이 찬 거라며 물을 빼주더라고요. 진통제 약도 처방해줘서 먹었어요. 며칠 먹으면 정말 괜찮아져요. 근데, 그 과정이 계속 똑같이 반복되더라고요. 한번은 '이번에도 괜찮아지겠지' 생각하고 기다리는데, 낫질 않는 거예요. 바로 도시에서 살 때 다니던 대학병원으로 갔어요. 알고 보니 그냥 물을 빼서 해결되는 게 아니었죠. 처방 방법이 아예 다르더라고요. 이번 일을 계기로 정말 느꼈어요. '시간이 좀 걸리더라도 대학병원으로 와야겠구나' 생각했어요."(E씨)

'2018 농어업인 등에 대한 복지실태조사'의 결과에서는 도시와의 격차가 가장 큰 부분을 '보건의료'로 꼽고 있다.[40] 특히 농어촌에 살고 있는 주민들은 아팠을 때 '치료비 부담'(32.0%)과 '의료기관까지의 이동이 어려움'(13.4%)을 가장 큰 문제라고 지적했다. 지역별 종합병원·응급의료시설·병원·의원● 통계를 보다 세밀하게 살펴보자.[41]

우선 가장 가까운 종합병원까지의 도로 이동거리는 지역별로 큰 차이를 보이고 있다. 수도권의 경우, 서울에 살고 있는 사람들은 종합병원으로부터 평균 $2.47km$ 떨어져 있다. 경기도 사람들은 $15.09km$, 인천 사람들은 $17.08km$ 떨어져 있다.(경기도와 인천의 경우, 서울에 비해 거리가 높게 나타나고 있다. 그러나 여기서의 이동거리는 도로를 통한 이동거리라서 수도권의 촘촘한 전철망을 고려한다면 실제 이용 편이가 낮다고 볼 수는 없다.) 지방의 광역시도 그리 나쁘지

● 의료법에 의하면 의료기관은 주로 외래환자를 대상으로 의료 행위를 하는 의원급 의료기관과 입원환자를 대상으로 의료 행위를 하는 병원급 의료기관으로 나뉜다. 병원급 의료기관의 경우, 입원환자 100인 이상을 수용할 수 있는 시설이면 종합병원, 30인 이상이면 병원, 30인 미만이면 의원으로 분류된다.

는 않다. 광주(5.56㎞), 대전(6㎞), 부산(6.11㎞), 울산(8.61㎞), 대구(10.01㎞)에서 종합병원은 평균 5~10㎞ 정도 떨어져 있다. 하지만 대도시 밖으로 벗어나면 상황은 급격히 나빠진다. 가장 열악한 곳은 강원도(28.04㎞)로 종합병원까지의 거리가 서울의 10배도 넘는다. 경남(27.40㎞), 경북(26.84㎞), 충북(20.63㎞), 전남(19.69㎞), 전북(19.64㎞), 충남(17.24㎞)에 살고 있는 주민들도 종합병원까지의 접근성이 그다지 좋지 않다. 종합병원에서 차량으로 20분거리(10㎞) 밖에 거주할 때 취약인구로 분류하는데, 이 비율은 지역별로 더 큰 차이가 난다. 서울은 취약인구가 고작 50명으로 0%에 가깝다. 이에 반해 경북(50.37%), 전남(45.32%), 충남(43.70%), 경남(40.10%), 충북(37.40%), 강원도(37.05%), 전북(34.69%)에서는 취약인구가 30~50%대에 달한다.

응급의료시설도 마찬가지다. 대도시는 접근성이 높고, 대도시 이외 지역은 접근성이 낮다. 가장 가까운 응급의료시설까지의 도로 이동거리는 서울(2.56㎞), 광주(5.20㎞), 부산(5.72㎞), 대전(6.00㎞), 대구(7.43㎞), 울산(7.81㎞), 인천(10.66㎞), 경기(11.69㎞) 순으로 나타나고 있다. 반면에 강원(20.21㎞), 경북(18.36㎞), 충북(15.31㎞), 충남(14.87㎞), 전남(14.05㎞), 경남(13.47㎞), 전북(12.76㎞)은 응급의료시설까지의 거리가 상당히 멀다.

이제 좀 더 작은 병원들, 그러니까 병원과 의원의 경우를 보자. 이들은 도보로 이동 가능한지 여부가 매우 중요하다. 그만큼 가까운 곳에 위치해야 하는 시설들이다. 말하지 않아도 이 둘의 경우에도 대도시와 지방 중소도시 간에 격차가 크다는 걸 짐작할 수 있다. 서울 주민들의 평균거리는 각각 1.6㎞, 2.02㎞인 데 반해, 경상도·전라도·충청도·강원도에서는 병원까지 10㎞가 넘고, 의원도 3㎞가 넘는다.

상황이 이러하니 수도권과 지방의 건강 격차는 매우 클 수밖에 없다. '국민보건의료실태조사'에 따르면 인구 10만 명당 심장질환 사망률은 서울은 28.3명이다. 하지만 경남은 45.3명에 달한다. '회피가능사망(적절한 의료서비스를 받았을 경우 피할 수 있던 사망)'도 서울은 인구 10만 명당 44.6명이지만, 충북은 58.5명이나 된다. 영양군은 무려 107.8명이다.[42]

왜 의료기관들은 대도시에 집중되어 있을까? 물론 이건, 닭이 먼저냐 달걀이 먼저냐의 문제이다. 인구가 많은 곳에 의료기관도 많고, 인구가 적은 곳은 당연히 적다. 특히 인구가 적으면 대형병원은 들어서기 힘들다. 동시에 양질의 병원이 없다는 건 사람들이 이주하는 걸 꺼리는 원인이 된다. 지방도시의 의료시설 접근성이 낮은 또 다른 이유도 있다. 적은 인구가 흩어져 분포하고 있다는 점이다. 이래저래 건강을 염려해야 하는 은퇴자들로선 지방으로 가기가 두려워질 수밖에 없다.

지방의 의료를 살려야 은퇴자도 모인다

얼마 전 홍천에서 만났던 한 은퇴자의 말을 안타깝게 들었던 적이 있다. "부모님께서 가까운 춘천 대학병원에서 치료를 받고 있는데, 수술을 해야 할 것 같아요. 서울 큰 병원으로 모시고 가려고요." 어디가 편찮으시냐고 물으니 갑상선 항진증이라 한다. 가까운 병원에서 수술해도 되지 않느냐고 물으니, 그건 아니라고 한다. "나중에 문제가 생기면 부모님 얼굴을 어떻게 볼 수 있겠어요. 지방 병원의 경우 오진이 많다고 하네요. 장비도 부족하고요. 수술의 경우 의사의 실력이 너무나 중요하고, 실력은 경험에서 나오지 않겠어요. 별의별 사례를 다 다루어본 서울 메이저 병원 중 하나를 가야 잘못돼도 후회가 없을 것 같아요."

춘천엔 '강원대학교 병원'과 '한림대학교 성심병원'이 있다. 이 두 병원은 병상수는 각각 732개와 829개나 될 정도로 대학병원으로서 손색이 없다. 이런 병원을 옆에 두고 서울로 가니, 서울 메이저 병원은 미어터질 수밖에 없다. "아프면 무조건 서울로 가라"는 게 상식처럼 된 지도 오래다. 전국에 있는 상급종합병원은 모두 42개이다. 이 중 서울에만 13개(31%)가 있다. 서울 인구가 전국 인구의 18.8%인 걸 감안하면, 상급종합병원의 상대적 집중도가 높다고 볼 수 있다.

이 상급종합병원들의 진료비를 합치면 14조 원 정도다. 2018년 기준으로 '빅5병원(서울아산병원·신촌세브란스병원·삼성서울병원·서울대병원·서울성모병원)'의 진료비가 5조 원을 육박한다. 특히 서울아산병원은 1조3500억 원, 신촌세브란스병원의 진료비는 1조300억 원 정도다. 1조 원이면 경북 안동시, 충남 아산시, 전북 군산시, 전남 순천시 급의 도시들이 한 해 쓰는 예산에 버금가는 액수다. 한 병원에서만 인구 30만 도시 예산만큼의 진료비가 발생하는 것이다. 문제는 시간이 지날수록 수도권 메이저 병원, 수도권 병원, 지방 병원 간 격차가 더욱 벌어지고 있다는 점이다. 지방 의료계에서는 이런 부익부빈익빈 현상을 넋 놓고 바라만 보고 있는 중이다.

지방은 의료인력도 너무나 부족하다. '병원급' 의사의 경우, 서울의 경우 인구 1000명당 1.69명이다. 이에 반해 경북은 0.52명, 충남 0.59명, 충북 0.690명, 울산 0.71명 등으로 나타나고 있다. '의원급(보건소와 보건지소 포함)'도 마찬가지다. 서울의 경우 인구 1000명당 1.1명이다. 반면에 경남은 0.63명, 세종시는 0.63명, 경북 0.64명, 울산 0.64명, 인천 0.65명, 강원도 0.66명, 경기도 0.67명 등에 그치고 있다.

서울의 아산병원·삼성병원 등의 메이저 병원들은 명의를 빨아들이는 블랙홀이 되었다. 야구선수들이 메이저리그를 꿈꾸는 것처럼 의사들도 그런 메이저 병원을 꿈꾼다. 환자들 또한 메이저리거가 된 의사를 쫓아 서울로 향한다. 서울에 있는 병원은 '지방 병원이 실력이 없으니 의사가 서울로 온다'고 하지만, 지방에 있는 병원은 '의사가 서울로만 가니 지방 병원이 이 지경이 되었다'고 얘기한다. 뭐가 먼저인지를 떠나, 지방의료는 붕괴 직전이고 대도시 병원은 넘쳐나는 환자로 골머리를 앓고 있다.

의료서비스의 지역격차를 완화하기 위해 정부도 노력중에 있다.[43] 우선, 농어촌에서 진료를 보면 수가를 올려주는 '지역가산제도'를 도입하려 하고 있다.[44] 의사가 진료를 하면 돈(진료비)을 받게 되는데, 이를 '의료수가'라고 한다. 진료비는 환자가 부담하기도 하지만, 상당 부분은 건강보험공단으로부터 받는다. 지역가산 제도는 농어촌 등 상대적으로 의료서비스를 받기 어려운 지역에서 정부가 더 많은 보조를 해주는 제도다. 쉽게 말해, 이 정책은 의료취약지역에서 일하는 의사들의 소득을 올려주려는 취지다. 영국의 경우도 의료취약지역의 보험수가를 10% 가산해주는 제도를 운영하고 있다. 의료인들이 지방을 기피하는 현실 속에서 조속히 도입해야 하는 정책 중 하나다.

2019년에는 '공중보건장학제도' 또한 부활했다. 이 제도는 의과대학 학생 20명을 선발해 매년 장학금과 생활비를 지원하는 제도이다. 모두 알고 있겠지만 의대 등록금 꽤나 비싸다. 국립대인 서울대와 부산대 의대도 매해 1000만 원 정도다.[45] 서울의 주요 사립대는 1200만 원 정도다. 의대를 졸업하려면 6000~7200만 원 정도가 필요한데, 이건 정말이지 최소 금액이다. 의대생들은 수시로 치르는 시험에 학교 근처를 벗어날 수 없어 대부분 자취를 하기 때문에 생활비도 많이 든다. 그 결과 많은 의대생들이 빚에 허덕이고 있는 실정이다.

이 제도로 장학생에 선발되면 졸업할 때까지 매해 장학금 1200만 원을 지원하고 매월 생활비도 70만 원씩 지급한다고 했다.(정부는 월세·밥값·용돈을 모두 합쳐 얼추 70만원의 생활비가 필요하다고 계산했다.) 장학금의 지원기간은 최소 2년에서 최대 5년이다. 1년에 2040만 원을 지급하는 것이고, 최대 5년을 가정하면 1억에 해당하는 어마어마한 돈이다. 단 조건이 있다. 장학금을 받은 대가로, 졸업 후에는 돈을 받은 기간만큼 지방에서 일해야 한다. 물론 지방 근무시의 급여는 별도로 받는다.

정부는 이 조건에 꽤 많은 학생들이 지원할 거라 생각한 듯하다. 하지만 예상은 빗나갔다. 연간 2040만 원의 지원금을 대가로 일하기에는 지방에서의 근무가 너무 손해가 되는 일이라고 느낀 것일까. 20명 모집에 고작 9명만 지원했다. 2차 추가모집에서도 1명만 더 추가되었을 뿐이다. 정부도 많이 당황했을 것이다. 하지만 희망의 끈을 놓지 않았다. "23년 만에 시행되는 제도다 보니 학생들에게는 생소하고 주저되는 부분이 있었다. (…) 지방 근무라고 해도 지역에서 거점 병원 역할을 하는 지방의료원 등에서 일하게 되고, 급여 수준도 경력과 업무 수준에 맞춰 지급될 것"이라 애써 강조했다.[46]

이 제도가 성공할 수 있을까? 지방의료 붕괴에 대한 고민을 먼저 시작한 일본의 사례에서 답을 찾을 수도 있을 것이다. 일본 의사들도 우리나라처럼 지방에서 근무하는 걸 꺼린다. 그래서 1972년엔 전국의 지자체가 공동으로 '자치의과대학(자치의대)'이라는 걸 만들었다. 자치의대는 47곳의 광역지자체별로 2~3명의 정원이 할당되는데, 매년 선발되는 학생수는 120명 정도다. 이들은 기본적으로 입학금과 수업료를 면제받는다. 아니, 보다 정확히 말하면 대출을 받는다고 할 수 있다. 졸업 후 자신의 출신지역으로 돌아가 9년 이상 의무 근무를 해야 한다. 그러면 대출금을 갚을 필요가 없다. 의무 근무를 하지 않으면 장학금을 반환해야 한다.

1978~2016년 동안 자치의대를 졸업한 의사수는 모두 4024명이었다. 이들의 95% 이상이 의무 근무를 마쳤고, 이후에도 70%

정도가 계속 지방에서 근무하는 것으로 나타나고 있다. 하지만 이 제도가 성공적이라고 보긴 어렵다. 일본 거주 한국인 의사의 말이 다. "특히 일본 의사들 사이에서 자치의대 이미지가 상당히 좋지 않다. 한국에서 공공의대[자치의대-인용자](대학원)를 만든다면 여기 졸업생은 타의대 출신에게 배척당할 가능성이 높다."[47]

자치의과대학의 보완책으로 일본에서는 '지역정원제도'라는 제도도 함께 운영하고 있다.[48] 이 제도는 우리의 '공중보건장학제도'와 유사하게, 지방에서 일하는 조건으로 재학 중 장학금을 받는 제도이다. 우리와 차이가 있다면, 중앙정부가 아닌 지자체에서 운영하고 있다는 점이다. 지자체마다 제도의 형태가 각양각색이긴 하지만, 가장 보편적인 형태는 6년간 장학금 지원을 받고, 이 기간의 1.5배(9년)를 지자체가 지정하는 병원에서 일하는 것을 조건으로 한다. 특히 지방에 부족한 산부인과나 소아과 등에 가는 경우가 많다. 1997년에 2개 대학으로 시작되었으나 2015년에는 67개 대학으로 확대되었다. 하지만 일본에서도 이 제도가 인기 있는 건 아니다. 갈수록 지원자를 채우지 못하는 곳이 많아지고 있다. 최근에는 22개의 의대에서 161명의 정원이 미달되는 사태가 벌어지기도 했다.[49]

의사들은 서울에서 일해야 더 많은 발전 기회가 있다고 믿는다. 온갖 질환의 환자들이 서울로 몰리니 치료의 기회가 많고, 이게 실력을 키우는 밑거름이 된다고 생각한다. 또한 지방에 머물러 있고 싶지만 자식교육을 생각하거나 문화적 기회를 생각하면 서울에 대한 미련을 떨쳐버릴 수 없다. 이대로 가다간 지방 의료기관이 의사를 구하지 못해 문을 닫아야 할 지경이다. 지방 병원은 악조건 속에 근근이 버텨 나가고 있다. 유능한 의사를 붙잡기 위해 실제로 서울에서 받는 연봉의 2~3배를 제시하기도 한다. 이뿐만이 아니다 의사들의 교통비를 지원하거나 심지어 거주비까지 부담하는 경우도 있다.

의사들의 지방 기피 문제를 해결하지 않으면, 아무리 좋은 귀향 정책이 나와도 그 효과가 크지 않을 것이다. 이 문제를 어떻게 해결할 수 있을까? 정책의 1차적 목표는 '대도시 지역에 집중된 의사들이 취약지로 이동할 수 있도록' 하는 데 초점이 맞추어져야 한다. '지역가산제도'를 조속히 더욱 도입하고, '공중보건장학제도'를 더욱 적극적으로 확대해 지방 병원의 의사 구인난을 해소해야 한다. 하지만 경제적 유인책만으로는 의사를 확보하는 데 충분하지 않을 것이다. 장기적으로는 이들이 지방에 정착할 수 있도록, 문화와 교육 등의 인프라 개선 노력이 병행되어야 한다. 또한 지방 병원들의 인건비 부담을 경감시키는 정책들도 나와줘야 한다.

큰 대학병원이 없어서 귀향을 꺼리는 건 아니다

과거 수십 년간 많은 수의 젊은이들이 대도시로 떠나갔다. 지방 의료가 무너져가는 상황에서 남아 있던 고령자들도 나이가 들어 간병이 필요하면, 대도시 자녀에게 의지하려 할 것이다. 이게 지방에서 의료와 간병시스템의 구축이 절실한 이유다. 지방 의료가 무너지면 귀향정책은 언감생심, 꿈도 꿀 수 없다. 베이비부머들을 유입시키기 위해서, 의료체계의 정비는 선택이 아닌 필수조건이다.

정부도 환자들이 수도권 병원으로 쏠리는 현상에 대해 우려하고 있다. 또한 무조건 대형병원을 선호하는 현상을 막을 필요가 있다고 생각해왔다. 최근 정부는 전국 17개 광역자치단체를 여러 지역으로 쪼개 '지역우수병원'과 '책임의료기관'을 지정하기로 했다.(전국을 17개 권역으로 구분하고, 각 권역을 세분화해 70개 지역으로 나누었다. 예를 들어, 전라북도 권역이 전주권·군산시·익산시·정읍권·남원권*이라는 5개의 지역으로 구분되는 식이다.)

지역우수병원 지정은 일정 규모와 요건, 의료의 질을 달성한 병원에 주는 훈장 같은 것이다. '우수병원'이라는 딱지가 붙으면, 더 많은 사람들이 믿고 이용하지 않겠는가. 책임의료기관은 말 그대로 가장 큰 책임이 부여된 병원이다. 17개 권역별로 하나씩 '권역책임의료기관'을 만들고, 70개 지역별로도 하나씩의 '지역책임의료기관'을 지정할 예정이다. 이들은 권역과 지역 내에서 단위별로 '어떠한 문제들이 있는지' '여러 의료기관이 어떻게 협력할 수 있는지'를 고민한다. 또한 의료기관 간의 역할을 유도하고 조정하는 역할을 한다. 이렇게 해서 각 권역별(혹은 지역별)로 '의원→병원·종합병원→상급종합병원' 시스템을 갖추고, 질환의 경중에 따

● 전주권에는 전주시·김제시·완주군·진안군·무주군이, 정읍권에는 정읍시·고창군·부안군·남원권에는 남원시·순창군·임실군·장수군이 포함된다. 군산시와 익산시의 경우는 인근 지역들과 묶이지 않고 각각이 하나의 지역으로 분류되었다. 그렇게 묶음으로써 단위별 효율화를 꾀하려는 취지다.

라 의료기관을 달리 선택하도록 유도한다는 것이 의료체계 개편의 주요 방향이다. 암치료를 동네의원에서 하지 않는 것처럼, 감기나 다래끼 치료를 서울아산병원에서 할 필요가 없잖은가. 이러한 지역별 의료시스템 개편의 큰 방향은 매우 바람직해 보인다. 특히 의료취약지가 계속적으로 증가하는 현실 속에서 병원들 간의 연계를 통해 병증의 경중에 따른 환자 분담에 큰 도움을 줄 것으로 기대된다.

그렇다면 지방으로 이주하고자 하는 베이비부머들이 의료와 관련해 가장 큰 관심을 기울이는 부분은 무얼까? 이들이 우려하는 건 '시골에서 암을 제대로 수술할 수 있을지?' '응급상황에서 닥터헬기가 제대로 뜰 수 있을지' 같은 게 아니다. 항상 달고 사는 만성질환이 걱정거리다. 베이비부머 스스로도 조금만 더 나이 들면 만성질환으로 병원 출입이 마트 출입보다 잦아질 것이란 점을 잘 알고 있다.

65세 이상 노인을 대상으로 한 최근의 설문조사를 보자.[50] 노인의 경우 만성질환(암을 제외)을 앓고 있는 비중이 75% 정도였다. 가장 많이 나타난 질환은 고혈압(66.4%), 당뇨병(41.3%), 심장질환(12.1%), 관절염(11.2%), 천식(4.9%), 뇌혈관질환(4.0%), 고지혈증(4.0%) 순이다. 이들 모두 꾸준한 관리를 요하는 질환이다. 실제로도 만성질환 노인이 가장 많이 방문하는 의료기관을 보면 동네의원(63.7%)의 비중이 압도적으로 높다. 그 다음은 종합병원(16.6%), 상급종합병원(9.0%), 병원급(6.7%), 보건소(4.0%)로 나타나고 있다. 이들에게 종합병원과 상급종합병원은 어쩌다 가는 곳으로 '거의 이용하지 않고 있다'고 답한 비율이 70~80%로 나타났다. 동네의원에 대한 만족도도 꽤나 높다. 의료서비스에 만족한다고 답한 비율을 보면, 동네의원이 83.7%로 가장 높고, 그 다음으로 상급종합병원(77.0%), 종합병원(70.3%), 병원(58.7%), 보건소(46.0%)로 나타났다. 종합병원에서 급한 치료를 받은 사람들에게 동네의원으로 옮길 생각이 있는지 묻는 질문에도 '그렇다'고 대답한 비율이 70%를 넘었다.

고령자들은 어떤 기준으로 병원을 선택할까? 가장 중요한 건 '의사의 전문성'(47.0%)이다. 그 다음은 노인질환에 대한 병원의 전문성(16.7%), 진단장비 및 의료기기의 최신성(14.0%), 병원과의 거리(13.0%) 등으로 나타났다. 이러한 결과가 귀향정책에 시사하는 바는? 이들의 답변을 모두 종합하면 답이 나온다. 베이비부머를 끌어들이고, 이들을 평생 붙들어두기 위해서 큰 수술 잘하는 대형병원이 꼭 필요한 건 아니다. '집 가까운 고령자 전문병원'이 훨씬 더 중요하다. 인구가 감소중인 고령화 지역에 있어 가장 중요한 건, 의료전달체계의 가장 말단에 위치한 '동네의원'의 역할이다. 만성질환을 앓고 있는 고령화된 거주민들이 가장 많이 이용하는 곳이 동네의원이기 때문이다.

이런 맥락에서 베이비부머의 지방이주를 활성화하기 위해 고민해볼 수 있는 제도가 있다. 바로 해외 여러 국가들에서 운영중에 있는 '주치의' 제도이다. 우리는 병원에 입원했을 때 환자를 돌봐주는 의사를 '주치의'라 부르곤 한다. 맹장수술을 하러 가면, 그 수술을 집도한 의사가 주치의가 되는 식이다. 하지만 이 제도에서 말하는 주치의는 그런 주치의가 아니다. 1차 진료를 담당하는 의사로, 동네병원 의사이다. 이 제도는 건강보험 가입자가 지역 내에서 '특정 의사(주치의)'를 지정하고, 1차 진료를 반드시 그 의사에게 받게 한다.

유럽이나 북미에서는 대형병원으로 갈 때 반드시 주치의를 거치도록 하고 있다. 그렇다고 모두 동일한 주치의 제도를 갖고 있는 건 아니다. 영국은 모든 국민이 주치의를 의무적으로 지정해야 하지만 프랑스에서는 의무사항이 아니다. 다만, 주치의를 지정하지 않으면 진료비가 크게 올라가기에 거의 모든 국민이 이 제도를 활용하고 있다.

고령사회를 먼저 맞이한 선진국들에서 주치의 제도가 점점 더 호응을 받는 건 만성질환을 관리하는 데 주치의가 적격이기 때문이다. 노인은 병에 걸리기 쉽고, 한번 병에 걸리면 오래간다. 그래서 병에 걸리지 않도록 예방하거나 병을 조기에 발견하고 치료하는 게 중요하다. 여기에 가장 필요한 곳이 가까운 동네병원(1차 의료기관)이다.

우리나라는 고령화 속도가 가장 빠른 나라이지만 의사협회의 반대로 주치의 제도 도입이 매번 좌절되어 왔다. 이 제도가 전문의가 80%인 우리 의료 환경과 맞지 않으며, 신규 병원 개업을 막고 환자들의 선택권을 제약한다는 게 반대의 이유다. 개원의들의 반대는 알레르기 수준을 넘어선다. 정부도 의사들의 반대를 핑계로 주치의 제도를 미루어왔다. 그래서 일부 연구에서는 65세 이상 노인, 심신장애, 소년소녀 가장을 대상으로 우선적으로 도입해야 한다고 주장하기도 했다.[51] 취약계층의 자발적 참여를 전제로 시범적으로 시행하고, 이 제도를 우리나라 전역에 확대시키자는 거다.

베이비부머의 귀향을 촉진하기 위해서, 그리고 지방의 정주환경을 개선하기 위해서 지방 중소도시와 시골에 거주하는 고령자들 대상 주치의 제도를 우선적으로 도입해볼 필요가 있다. 이들에게 필요한 건 대단한 명의가 아니다. 앞으로 자신을 관리해줄 믿음직한 의사가 필요한 것이다. 물론 주치의를 선택할지 말지는 개인의 자유에 맡기면 된다.

정부는 주치의 제도를 이용하는 주민들의 보험료를 할인해주거나, 주치의들의 의료수가를 높이는 등의 혜택을 주는 방식으로 제도 확산을 꾀하면 된다. '주치의 제도'가 '귀향인의 유입'과 결합하여 시너지 효과를 내면 더욱 빠르게 정착될 수 있다. 또한 주치의와 인근 지역의 상급 의료기관 간의 연계가 잘 다듬어지면 정부가 추진하고 있는 '의원→병원·종합병원→상급종합병원'의 위계적 의료시스템이 강화됨으로써 수도권과 비수도권의 의료격차를 줄이는 데도 기여할 것이다. 이 모든 선순환 구조가 귀향인을 추가적으로 이끄는 데 도움을 줄 것이다.

지방은 의사보다 간호사 구하기가 더 힘들다

지방 병원은 의사보다 간호사 확보가 더 어렵다고들 한다. 얄

굳게도 간호 서비스를 강화하는 좋은 정책도 지방 병원의 간호사 수급을 어렵게 하고 있다. 2013년에 '간호·간병통합서비스'가 도입된 이후 벌어진 일들이 대표적이다. 이것은 환자를 보호자가 아닌 의료진이 대신 돌봐주는 서비스다. 그것도 24시간 돌봐준다. 2013년 도입 당시에는 조그만 시범사업으로 출발했다. 하지만 2015년 메르스 사태 이후, 우리나라 간병 문화에 큰 허점이 있음을 알게 되었다. 가족이 병원을 자유롭게 드나드니 병원이 감염사고의 온상지가 된 것이다. 정부는 2015년부터 이 서비스도 건강보험 적용을 받게 했다. 서비스를 제공하는 병원도 급속도로 늘었다.

2019년 6월 현재, 이 서비스를 제공할 수 있는 병원으로 지정된 곳은 1588곳이다. 이 중 실제 서비스를 제공하고 있는 병원은 전국에 530곳(33.4%)이다. 병상을 기준으로 하면, 4만2292개다. 그런데 왜 모든 병원에서 이 좋은 서비스를 실행하지 못하고 1/3의 병원에서만 하고 있을까?

이 제도가 도입된 직후, 전국적으로 간호사 수요가 폭증했다. 너도 나도 간호사가 필요하니, 간호인력이 환자수를 따라잡지 못하고 있다. 하지만 이로 인해 지방 병원에선 간호사 구하기가 더욱 힘들어졌다. 서비스의 확대 과정에서 수도권 병원이 지방의 간호사들을 대거 흡수했기 때문이다.(이 서비스의 수도권 병상 비중이 52.9%에 달한다.) 지방에 남아 있는 간호사들은 점점 더 과중해지는 업무로 고통받고 있다. 한 달에 2~3일 정도밖에 쉬지 못하는 판이니, 지방 병원 중 월급을 30~40만 원을 올리겠다는 곳도 많다. 하지만 간호사들은 그 돈 안 받고 좀 더 쉬는 게 낫다는 입장이다. 이대로라면 지방 병원에서 일하려는 간호사는 점점 줄어들 것이다.

수도권으로 간호사들이 대거 빠져나가니 지방 병원은 의사보다 간호사 확보가 더 어려워졌다. 충남 홍성의료원은 2016년 재활센터를 완공해 총 82병상(3층 41병상, 4층 41병상)을 운영하고 있었다.[52] 하지만 간호사를 구할 수가 없었다. 결국 2018년 4월에는 4층을 닫고, 3층 한 개 층만 운영했다. 2019년에는 신규 채용한 간호사보다 그만둔 간호사가 더 많았다. 29명을 채용했으나 31명의 간호사가 퇴사했다. 홍성의료원은 더 이상 재활센터를 운영할 수 없었고, 결국 병동을 폐쇄했다. 재활치료를 받고 있는 환자들에겐 황당한 일이었다. 홍성의료원은 위기감을 느끼고, 간호사 확보를 위해 자구책을 마련했다. 간호대학 4학년생에게 학자금 300만 원을 지원하고, 졸업 후 의무적으로 의료원에서 2년간 근무하게 하는 제도를 마련한 것이다.[53] 장학금을 받고 개인 사유로 그만둘 경우 장학금과 더불어 이자도 변상해야 한다. 말하자면 지방 의사를 확보하기 위한 '공중보건장학제도'의 간호사 버전이다. 단지 차이가 있다면, 의사 장학금은 국가에서 지원하지만, 이 경우는 병원이 자체적으로 해결하고 있다는 점이다.

'간호사 품귀' 현상은 홍성의료원에만 해당되는 게 아니다. 대부분의 지방 병원이 같은 어려움을 겪고 있다. 생각해보자. 간병의 중요성이 더 높은 지역이 어디겠는가. 고령자 비율이 높은 지방 중소도시와 시골지역이다. 하지만 간호사들은 이런 곳을 기피하고 있다. 은퇴한 베이비부머가 귀향을 고려할 때 간병 시스템이 열악한 곳은 당연히 꺼려질 수밖에 없다. 간병 시스템이 열악해지면 지방에 남아 있는 노인들조차 노후 건강이 염려되어 수도권으로 향할 수 있다.

간호사 부족 문제를 해결하기 위해 정부는 간호대학의 졸업정원을 크게 확대해왔다. 하지만 지방의 간호사 부족문제를 해결하지 못했다. 많은 간호사들이 서울 큰 병원에 취직하지 못할 바엔 차라리 쉬는 게 낫다고 생각한다. 수도권의 주요 대형병원들은 식당에서 순번표를 주듯, 최종합격자에 순번을 매기기도 한다. 순번이 낮은 '대기 간호사'들이 1년을 기다리는 경우도 있다. 지방 중소병원의 근무여건이 그만큼 열악하기 때문이다. 수도권의 메이저 병원 초임연봉은 4000만 원을 넘어서지만, 지방 중소병원의 경우는 딱 그 반 정도에서부터 시작하는 경우가 많다.[54] 간호사들이 지방을 꺼리는 또 다른 이유도 있다. 간호사의 70~80% 정도가 결혼 적령기인 20~30대의 젊은이들이다. 지방의 한 병원 관계자는 "미혼인 경우에는 결혼 상대를 만날 확률이 서울이 훨씬 높다"고 한다. 기혼인 경우에는 지방 근무로 인해 배우자와 떨어져 지내야 하는 경우가 많다.

어떻게 이 문제를 해결할 수 있을까? 관련업계의 전문가들은 가장 먼저 지방 병원 간호사들의 근무여건을 개선해야 한다고 말한다. 또한 지방 근무를 유도하기 위해 '공중보건장학제도'를 간호대학에도 확대해야 한다고 요구하고 있다. 이런 지방의 요구에 귀를 기울이지 않으면, 간호사들의 지방근무회피 현상은 멈추지 않을 것이다.

하지만 지방 의료 수준의 개선은 이런 인력의 보완과 경제적 인센티브만으로는 역부족이다. 보다 근본적인 대책이 필요하다. 하나는 '공공의료를 강화하는 것'이고, 또 다른 하나는 '도시 압축을 통해 의료접근성을 강화'하는 것이다. 이 두 방향으로 지방을 건강을 챙길 수 있는 곳으로 만들어야 한다. 지방의 의료에 대한 믿음이 생기면 귀향이 촉진될 수 있고, 증가된 귀향인구는 도시의 밀도를 높일 것이다. 그렇게 되면 민간 의료기관도 생존할 수 있는 토대가 만들어질 것이다. 이런 선순환 구조가 만들어질 때만이 '귀향'은 매력적인 선택지가 될 수 있다.

9장

고향 지자체의
역량을 강화하자

가난한 지자체에 기초연금 부담을 덜어주자

지방의 작은 지자체들이 베이비부머들의 귀향을 적극 유치하고자 할 때 걸림돌이 되는 문제가 또 있다. 바로 재정 문제다. 특히 기초연금에 대한 부담이 상당하다.

노인빈곤율이 높은 현실에서 정부는 65세 이상 노인들에 대해 소득 하위 70%를 대상으로 기초연금을 지급하고 있다.[*] 기초연금의 대상자도 꽤나 넓은 편이다. 2019년 현재 수급자 비율이 67%를 넘는다.

그런데 지자체별로 기초연금 수급자 비율이 엄청나게 차이가

● 2020년 기준으로 배우자가 없이 홀로 사는 노인가구의 경우는 월 소득 148만 원 이하, 부부가 함께 사는 가구의 경우는 월 소득 236.8만 원 이하 가구에 대해 기초연금이 지급된다. 소득 하위 20~70%에는 최대 25만 원(부부는 40만 원), 하위 20%에는 최대 30만 원(부부는 48만 원)이 지급된다.

난다. 여기서 잠시 생각해보자. 대도시와 중소도시 중에서 어느 쪽이 기초연금을 받는 노인들 비율이 높겠는가. 짐작하다시피, 중소도시가 훨씬 높다. 2019년 12월 현재 서울시 서초구는 수급자 비율이 25.6%밖에 안 되지만, 전북 김제시의 경우는 82.1%나 된다. 기초연금은 중앙정부와 지자체가 함께 비용을 분담하고 있기 때문에, 지방의 지자체는 기초연금에 대한 부담도 덩달아 커지고 있는 상황이다.

이런 사정을 고려해 지자체의 여건에 따라 부담률을 달리 적용하고는 있다. 고려되는 여건은 두 가지이다. '노인인구의 비중'과 '재정자주도'. 하지만 재정자주도에 의한 구분은 무용지물이다. 재정자주도를 '90% 이상' '80% 이상~90% 미만' '80% 미만'인 세 경우로 구분해 지자체 부담률을 달리 적용하고 있지만, 우리 기초지자체의 경우 거의 모두가 재정자주도 80% 미만이기 때문이다.(2019년 기준으로 재정자주도가 80%를 넘은 기초지자체는 경마장에서 들어오는 지방세가 어마어마한 과천시밖에 없다!)

그러니 '노인인구 비중'이란 기준만 보도록 하자. 노인인구의 비중에 따라 지자체의 분담률은 10~30% 수준에서 정해진다. 노인인구가 20%가 넘는 곳의 지자체 분담율은 10%로 가장 낮다. 노인인구가 14~20%인 곳과 14% 미만인 곳의 분담율은 각각 20%와 30%로 하고 있다.(노인인구 비중을 고려하는 데 왜 20%와 14%가 기준이 되었을까? 노인인구 20% 이상은 유엔UN이 정한 '초고령사회'의 기준이며, 14는 '고령사회'의 기준이다. 그 기준으로 '초고령지역'과 '고령지역'을 분류한 것이다.)

도표 22 지자체별 기초연금 부담 비율

		지자체 노인인구 비율		
		14% 미만	14% 이상 - 20% 미만	20% 이상
지자체 재정자주도	90% 이상	60%	50%	40%
	80% 이상 - 90% 미만	50%	40%	30%
	80% 미만	30%	20%	10%

기초연금 분담비율

고령자의 비중이 높은 곳에 국가가 더 많은 기초연금을 부담하거나, 아예 기초연금의 지자체 부담을 없애야 한다. 대부분의 지자체들은 기초연금 때문에 재정적 부담을 느끼고 있다. 전주시의 상황을 한 번 보자.[55] 2018년 12월 전주시 총인구는 65만1091명이다. 이 중 65세 이상 인구는 8만8563명에 달해 13.6%를 차지하고 있다. 그러니 전주시와 전라북도가 기초연금의 30% 정도를, 나머지 70%는 중앙정부가 부담한다.(지자체 부담분은 광역지자체와 기초지자체가 조례로 정한 비율만큼을 나누어 부담한다.) 기초연금의 수급자는 5만6322명으로 노인인구의 64% 정도이다. 전주시가 2018년에 부담했던 기초연금 총액은 모두 315억 원이었지만, 2019년부터는 387억 원을 내야 하는 상황이다. 전주시의 지방세 수입(3400억 원)의 1/10도 넘는 액수이다. 그나마 사정이 나은 전주시도 이럴진대, 가난한 지자체가 겪는 부담은 더 클 수밖에 없다.

참다 못한 부산 북구의 정명희 구청장은, 2019년 초 청와대에 편지까지 썼다. 요지인즉, 국가가 복지사업을 확대하는 바람에 지자체가 아무것도 할 수 없을 정도로 재정이 열악하다는 것이다. "공무원 인건비 130억 원을 편성하지 못할 정도로 북구 재정이 열악하다. 추가경정예산을 확보해 인건비를 지급하겠지만 재정 파탄 수준 (…) 국가 복지사업에 지자체의 예산 투입 비율을 조정할 필요가 있다."[56] 정명희 구청장은 복지사업 중 가장 개선이 필요한 게 기초연금이라 주장하고 있다. 2019년 7월 대구 달서구 의회에서 지자체 기초연금 부담비율을 낮춰달라는 대정부 건의문을 채택했다. 2019년 달서구의 사회복지예산이 490억 원인데 이 중 181억 원(30% 정도)을 기초연금으로 쓰고 있는 실정이다.[57]

지자체의 입장은 명확하다. 기초연금은 모두가 차별 없이 누려야 하는 복지수당이다. 지역적 문제가 아닌, 전국적 문제이기에 중앙정부가 복지정책 로드맵에 따라 정한 것이다. 하지만 이에 대해 지자체는 의사결정권이 아예 없었다. 그러니 이런 전국적 단위의 복지정책을 하면서 지자체에 부담을 떠넘겨서는 안 된다는 입장이다. 중앙정부의 생색에 지자체의 허리가 휜다는 호소다. 지자체에서는 기초연금을 비롯해 기초생활급여·장애인연금·영유아보육료·양육수당·아동수당 등 6대 복지수당은 전액 중앙정부가 책임져야 한다고 주장하고 있다. 앞으로도 수급대상자와 금액이 상향될 터인데, 이를 감당하기 힘들다는 것이다.

기초연금 부담이 지금처럼 크다면, 지자체의 입장에서는 베이비부머 귀향인들이 반가울 리 없다. 기초연금의 10~30%만을 분담하면 되는데, 지자체가 너무 엄살을 피우는 게 아니냐 생각할 수도 있겠다. 하지만 생각해보라. 지방도시에서는 기초연금 수급 대상인 65세 이상 인구가 지속적으로 증가하고 있다. 게다가 정부도 수급액을 지속적으로 올려왔고, 앞으로도 그럴 것으로 예상되고 있다. 이런 상황에서 곧 노인이 될 베이비부머를 귀향인으로 받는다면 기초연금 부담도 증가할 게 뻔하다. 기초연금 제도가 지금처럼 유지된다면 귀향인을 유치하려는 지자체의 발목을 잡게 될 것이다. 그러니 지자체의 부담을 줄여줘야 한다. 노인복지 수요의 폭증으로 국가의 재정 부담이 너무 크다면, 당장은 노인인구 비율이 14% 미만인 지자체만 기초연금 부담을 지게 하는 것도 방법이 될 수 있다.

고향사랑기부제를 활성화하자

가난한 지자체의 재정적 어려움을 덜어주는 제도로 '고향사랑기부제'라는 게 논의되고 있다. 개인이 특정 지자체에 일정액을 기부하면, 국가나 지자체로부터 세액(세금의 액수)을 공제받을 수 있게 하는 제도다. 아직 도입이 되지는 않았지만, 10만 원까지는 전액이 공제되고, 10만 원 이상 1000만 원 미만에 대해서는 16.5%, 1000만 원 초과는 33%를 공제받는 안이 정부로부터 나오기도 했다. '정치자금법' '기부금품법' 등에서와 같은 범위와 비율이다. 예를 들어 홍길동이란 사람이 지자체에 100만 원을 기부하면 받는 공제액은 24만8500원 정도다. 2000만 원을 기부했을 경우 338만3500원, 1억 원을 기부했을 때는 약 3000만 원 정도를 공제받는다.* 게다가 지자체에서는 홍길동에게 감사의 답례품도 전달한다.

이 제도는 '후루사토ふるさと 납세'라는 이름으로 2008년부터 일본에서 시행된 제도이다. 후루사토가 고향이란 뜻이니, 말 그대로 번역하면 '고향세'라 불릴 수 있다. 고향세는 일종의 '기부금'이다. 이 기부금은 광역지자체 47곳뿐만 아니라 기초지자체 1741곳에 낼 수도 있다. 이 제도의 인기는 폭발적이다. 고향세가 도입된 첫 해인 2008년에는 납세 건수가 5만 건에 금액은 우리 돈으로 810억 원에 불과했다. 10년 뒤인 2018년에는 모두 2322만 건, 총액은 우리 돈으로 무려 약 5조8500억 원이었다.[58]

고향세에는 '세금'이란 단어가 붙어 있지만, 실제로는 세금이 아니다. 고향세는 기본적으로 돈을 기부하면, 이에 기반해 세금을 공제해주는 제도이다. 사실상 기부금 제도라 할 수 있다. 물론 이런 '세액공제' 방식과는 다른 고향세 제도도 가능하다. 세금을 내는 사람이 소득세 중 일부가 자신이 지정하는 지자체로 갈 수 있도록 신청하는 조세이전 방식이다. 방법이야 어쨌든, 고향세는 새로운 세목도 아니고, 증세도 아니다.

고향세 제도에 대한 관심은 문재인 정부 들어 크게 고조되었

● 고향세가 고소득자 절세수단으로 전락한다는 우려도 있다. 하지만 현재 운용되고 있는 기부금의 경우처럼 기부액의 10만 원까지만 전액 공제되고, 이를 초과하는 액수에 대해서는 공제비율을 달리하면, 이러한 우려를 불식시킬 수 있다.

고향사랑기부제 관련 법률안 비교[59]

대표발의자	더불어민주당	김두관	안호영	이개호	전재수	홍의락
납부유형		기부금	기부금	기부금	기부금	조세이전
기부주체		재정자립도 30% 이하 지자체 출신 출향민	10년 이상 거주자	해당 지자체 주민이 아닌 자	관할구역 밖에 주민등록이 돼 있는자	비수도권 출신인 수도권 거주자
기부대상		재정자립도 30% 이하 지자체	10년 이상 거주 지자체	모든 지자체	재정자립도 혹은 재정자주도 20% 이하 지자체	본인이 지정하는 비수도권 지자체

대표발의자	자유한국당	강효상	김광림	박덕흠	이명수	이주영
납부유형		기부금	기부금	조세이전	조세이전	기부금
기부주체		모든 개인	해당 지자체 10년이상 거주자	납세자	서울, 경기, 광역시, 세종 거주자	해당 지자체 주민이 아닌 자
기부대상		대통령으로 정하는 지자체	10년 이상 거주 지자체	대통령으로 정하는 지자체	거주지 이외 본인이 지정하는 시군	고향 또는 5년 이상 거주했던 지자체

대표발의자	바른미래당	주승용	민중당	황주홍	무소속	정인화	윤영일
납부유형		조세이전		기부금		기부금	기부금
기부주체		서울, 경기, 광역시 거주자		모든 개인		해당 지자체 주민이 아닌 자	해당 지자체 주민이 아닌 자
기부대상		본인이 지정하는 비수도권 시군		농어촌발전 공동모금회		주민등록지 이외 지자체	거주지 이외 지자체

다. 고향세가 100대 국정과제에 포함되기도 했다. 이 제도가 재정 분권의 수단이 될 수 있다는 기대감 때문이다. 2019년 10월 현재 모두 14건의 법안이 발의되었다. 여야 모두에서 발의될 만큼, 당 정책과 이념에도 영향을 받지 않았다. 발의된 법안들은 '누가 기부하는지' '어느 지자체가 받을 수 있는지' '어느 정도까지 낼 수 있는지' '받은 기부금은 어디에 써야 하는지' '얼마만큼의 세액을 공제해야 하는지' '답례품의 범위는 어느 정도인지' 등에 다소 차이는 있다. 하지만 큰 틀에서 보면 모두 엇비슷하다.

그럼에도 불구하고 고향세 도입에 대한 반대의 목소리도 존재한다. 가장 큰 우려는, 기부를 끌어내기 위한 지자체들의 경쟁이 치열해진다는 것이다. 일본에서는 지자체들 간 답례품 경쟁이 치열하다. 최근 조사에서는 전국 1788개 지자체 중 246곳(15%)에서 고향세 수입액의 30%를 초과하는 답례품을 지급했다고 한다.[60] 일부 지자체는 수입액의 80~90%를 답례품으로 쓰기도 했다. 미야자키宮崎현 미야코노조都城시는 인구가 16만 명에 불과하지만 2015년과 2016년에 고향세 실적 1위를 기록했다. 납세 건수가 시 인구를 넘어섰다. 2015년엔 28만8338건, 2016년엔 52만8242건의 납세 건수를 기록했다. 액수로는 2015년엔 42억 엔(우리 돈 420억 원), 2016년엔 73억 엔(730억 원)의 기부금을 받았다. 하지만 미야코노조시의 재정 상황은 크게 좋아지지는 않았다. 답례품으로 고가의 쇠고기인 '미야자키규'를 제공했기 때문이다. 실제로 답례품과 사업추진 경비를 제하면, 남는 게 거의 없었다고 한다.[61]

고향세 제도에 대해 회의적인 시각을 갖고 있는『서울신문』강국진 기자의 고향세 비판 논의는 새겨 들을 필요가 있다. 그는, 기부금 액수를 늘리기 위해 지자체 공무원들의 부정부패가 발생할 수 있다는 점을 강조한다. 또한 한국에선 브로커가 개입해 기부금의 본질을 흐려놓을 수도 있고, 지역 향우회는 물론 지자체 공무원들까지 기부금 유치 경쟁에 동원되는 상황이 발생할 수 있다고 우려한다.

부서 하나에 3명씩 배치한다고 가정하면 군 단위로만 따져도 전국에 고향사랑기부금제도에 목을 매는 공무원이 231명이 생기게 됩니다. 이 공무원들 연봉을 5000만 원이라고 치면 1년에 인건비로만 115억 원입니다. 대충만 생각해도 배보다 배꼽이 더 큽니다. (…) 조세정책에서 정공법 대신 고향사랑에 기댄 '꼼수'는 정부의 지방정책이 얼마나 철학적 토대가 약한지 보여주는 생생한 증거가 아닐까 싶습니다. 세액공제 받는 기부도 기부라고 우길 수도 있겠습니다만, 언제부터 지자체의 미래상이 시민단체가 된 건지도 모르겠습니다. 지자체의 재원은 기부금이 아니라 세금이 되어야 하지 않겠습니까.[62]

한 공무원은 지방교부세를 놔두고 왜 고향세 제도를 새로 도입하는지에 대한 의문을 제기한다. 그는 "재원이 모자라서 시민들한테 후원받아서 운영된다고 하면 그건 더이상 지자체가 아니다. 중앙정부가 해결해야 할 문제를 지자체에 전가하는 것 아니냐. (…) 세액공제를 해준다는 건 결국 국세를 떼어서 지방에 주는 건데 그럼 현행 지방교부세와 뭐가 다른지 모르겠다. (…) 지자체별로 기부금 액수를 두고 경쟁이 벌어질 텐데 그럼 지자체 공무원들만 들들 볶게 될 것"이라고 비판했다.[63] 지자체가 시민단체도 아닌데 기부금을 받아 운영되어야 하는지, 그리고 어차피 국세를 일부를 지방에 떼어주는 방식인데, 굳이 복잡한 제도를 도입할 필요가 있는지에 대한 의문이다.

이러한 비판 모두 설득력이 있다. 하지만 고향세 제도의 이점은 지자체의 재정여건을 개선하는 차원을 넘어서리라고 본다. 가장 중요하게는 고향의 어려움에 대한 이슈를 공유할 수 있는 기회를 제공한다는 점이다. 마음이 가는 곳에 돈을 내고, 돈 낸 곳에 마음이 더 가는 건 인지상정이다. 고향세는 대도시 주민과 지방 중소도시의 '정서적 끈'을 이어, 일종의 유대감을 높이는 데 크게 기여할 것이다.

고향세를 통해 대도시에 살고 있는 사람들이 지방 중소도시에 대해 더 관심을 갖게 된다면, 그 자체로도 귀향을 촉진하는 데 큰 역할을 할 수 있을 것이다. 얼마 전 한 지인이 고향에 대해 이런 말을 한 적이 있다. "명절에 고향에 갈 때 차를 가지고 가는데요, 차에 기름을 많이 채우지 않아요. 기름이 부족하다 싶으면 출발 전에 약간만 넣어요. 가능한 고향에 도착해서 그곳 주유소에서 기름을 채우지요. 그래야 고향사람들도 먹고 살 수 있지 않겠나 하는 거죠. 고향에 대한 제 마음이 그래요." 베이비부머 다수가 자신의 고향을 바로 이런 마음으로 응원하고 있다. 이들이 한시라도 젊을 때 고향세가 도입되어야 한다. 그들과 고향을 잇는 정서적 끈이 보다 강해질 수 있도록 말이다.

한 가지 더, 고향세 제도가 '복수주소제(혹은 '이중주소제')'와 맞물린다면 여러 귀향정책들이 더욱 큰 파급효과를 낼 것으로 본다. 복수주소제는 지방 중소도시에 고향세를 내는 수도권 주민 중(혹은 수도권 및 광역시 주민 중), 원하는 사람에 한해 두 개의 주소를 허용하게 하는 것이다. 최근에 김순은 자치분권위원회(대통령 직속 위원회) 위원장이 "이중주소제 도입이 검토될 수 있을 것"이라고 말한 후, 이 제도에 대한 관심이 크게 높아졌다.[64]

물론 복수주소제를 할 때는 대상 지역을 명확히 하는 게 필요해 보인다. 대도시 주민의 경우, '자신의 고향'이나 '은퇴 후 살고 싶은 곳', 혹은 '직장 일로 파견되어 실생활을 하는 곳'을 두번째 주소로 등록할 수 있다. 예를 들어 남원 출신으로 서울에 살고 있는 사람의 경우, 주-주소지를 '서울'로 두고, 종-주소지를 '남원'으로 등록하는 식이 될 수 있다. 하지만 복수주소제는 일부 인기 있는 지역만 두번째 주소지로 쏠리는 결과를 유발할 수 있다. 쏠림 현상을 막기 위해 '비수도권 지역 인구 50만 이하'의 도시 중 '재정자립도가 일정 수준 이하'이고 '10년 이상 거주 경험'이 있는 고향지역으로 한정하는 것도 하나의 대안이 될 수 있다.

　　이렇게 복수주소제가 활성화되면 무엇이 좋을까? 첫째, 어려운 지역들이 재정을 확충할 수 있다는 장점이 있다. 복수주소제를 선택한 주민은 지방세를 두 곳에 균등하게(혹은 정해진 비율대로) 내기 때문이다. 둘째, 지자체에 등록된 인구가 늘어나니 중앙정부가 지자체에 보내는 '교부금'의 액수도 커지는 효과가 있다. 셋째, 지방의 주소지에서 투표권을 행사할 수 있다는 점이다. 물론 이 제도는 면밀한 검토가 필요하다. 두 곳 중 한 곳에만 투표권을 줄지, 아니면 두 곳 모두에 투표권을 줄지에 대한 문제부터, 이 제도가 시행되면 현행 선거구에는 어떠한 영향을 줄지에 대한 고민도 해야 한다. 마지막으로 가장 큰 효과는, 이 제도가 귀향을 촉진할 수 있다는 점이다. 고향세가 '기부금'을 통해 고향에 대한 유대감을 높이는 것처럼, 복수주소제 또한 사람과 지역을 이어주는 역할을 한다. 귀향인 대부분은 어떤 식이든 연고가 있는 곳으로 이동한다.

그러나 귀향지가 자신과 멀고 관계 없이 느껴진다면, 귀향은 감행하기 어려워진다. 복수주소제가 귀향지를 더욱 가깝고 친근하게 느껴지게 한다면, 귀향을 실천하는 데 가장 큰 정서적 걸림돌이 제거되는 거나 마찬가지일 것이다.

여성 베이비부머의
마음부터 얻어야

귀향정책을 마련하고자 할 때 중요한 부분이지만, 이 책에서 미처 다루지 못한 내용이 있다. 바로 '여성' 베이비부머에 대한 것이다.

이제까지 대부분의 베이비부머에 대한 연구는 '가구 단위', 혹은 '남성'을 중심으로 이루어졌다. 이해되지 않는 일은 아니다. 베이비부머들은 대부분 결혼을 해서, 보통 남성이 밖에서 일하고 여성은 가사와 자녀 양육을 맡는 식의 가정을 꾸리고 있었기 때문이다. 은퇴에 대한 얘기도, 이주 희망에 대한 의견조사도 주로 경제권을 주도한 남성 중심으로 이루어진 게 사실이다. 여성 베이비부머들은 노동시장에서도, 그리고 이후의 논의에서도 소외되어온 것이다.

하지만 여성은 베이비부머의 또 다른 반을 차지한다. 이들의 경제적 여건은 어떠한지, 남편과 자녀와의 관계는 어떠한지, 여생에 대해 어떤 계획을 가지고 있는지에 대해 보다 많은 연구가 필요하다. 이 책 또한 남성 중심으로 논의를 전개하는 한계에서 벗어나지 못했는데, 여기서 짧게나마 여성 베이비부머들의 삶과 귀향에 대한 생각을 정리해보는 것으로 맺음말에 갈음하고자 한다.

여성 베이비부머들의 삶은 희생과 돌봄의 연속이었다. 그리고 그걸 일종의 미덕으로 여기기도 했다. 이들도 젊었을 땐 경제활동을 했다. 하지만 바깥일은 딱 결혼 전, 혹은 아이를 낳기 전까지만 가능했다. 대다수는 전업주부로 돌아서야 했고, 그렇게 '경단녀'가 되었다. 한 가정의 엄마로서 부여받은 역할은 식구를 돌보고 자녀를 교육하는 일이었다. 특히 이들은 아이의 교육에 유난히 집착해 '치맛바람'을 일으키기도 했다. 남자 형제들의 대학 진학을 위해 양보를 강요당한 경험, 그리고 대졸자 형제들의 사회적 성공을 가까이서 보아왔기 때문이다.[65] 한 연구에 나오는 여성 베이비부머들의 목소리를 들어보자.

"장녀라는 무게감이 심리적으로 큰 것 같아요. 그리고 내가 똑바로 못하면 동생들한테 낯이 없는 거죠".

"아들들만 공부를 시키는 분위기였어요. 3남 3녀에 막내딸이었는데 그쪽 동네가 상당히 보수적이었죠. 거기에 대한 피해가 많이 컸고요."

"저도 집에서는 순종형의 딸이에요, 큰딸이다 보니까. 그러다보니 부모님이 하라고 하면 하고. 저도 거역하는 스타일이 아니고 동생들한테 잘해야 한다, 그런 생각이 있어서."[66]

여성 베이비부머의 학창시절 장래희망란에는 '현모양처賢母良
妻'가 꽤 많았다고 한다. '어진 어머니면서 착한 아내'가 그 시대 여
성의 가장 바람직한 상이었던 것이다.

아이가 대학에 진학하거나 취업을 하면 한시름 놓을 수 있지
않을까 생각해왔다. 하지만 이게 끝은 아니었다. 이때부터 새로운
상황이 전개되기 시작한다. 우선, 자녀를 다 키우고 나면 노부모가
아프기 시작한다. 노부모를 모시고 병원을 오가거나 집에서 노부
모를 간병해야 하는 신세가 된다. 실제로, 베이비부머의 70% 정도
가 몸이 불편한 부모님을 6개월 넘게 간병한 경험이 있다고 한다.
평균 간병기간은 약 2년 정도로 나타나는데, 최대 15년을 했다는
이도 있다.[67]

여기에 더해, 출가한 자녀가 부모님 댁 인근에 집을 알아보기
시작한다. 아이를 봐줄 사람이 필요하다는 이유다. 힘들게 맞벌이
를 하고 있는 자녀의 상황을 외면하지 못한다. 마지막 결정타는
남편의 은퇴다. 세 끼뿐만 아니라 간식까지 챙겨줘야 하는 '바둑
이'로 변모한 남편에 아내는 좌절한다. 계속되는 자녀·부모·손주
돌봄으로 몸과 마음이 지쳤는데, 이제는 남편까지 돌봐야 할 형편
이다. 죽을 때까지 도움만 주고, 받는 건 기대하기 어려운 삶이 이
어진다.

이런 여성 베이비부머에게 귀향의 의미는 남성들과 다를 수밖
에 없다. 남성(남편)에게는 귀향이 홀가분한 마음으로 다시 시작하

는 새 출발일지 모르지만, 여성(아내)에게는 '남편 뒤치닥거리'의 연장일 수 있는 것이다.

남편은 지난 30년간 바깥일에만 매달려 아내에게 미안한 마음으로, 이제 '단란한 가정'을 꾸리고자 생각에 생각을 거듭하곤 조심스레 아내에게 묻는다. "우리 시골 내려가서 살까?" 당황한 아내는 생각한다. '이제 좀 쉬고 싶은데, 시골 가서 농사짓자고?' '정원은 누가 관리하고, 잡초는 누가 뽑나, 집이 춥지는 않을까, 도둑이 들진 않을까…'

그 무엇보다 남편의 제안이 망설여지는 건, 지금까지 의지해왔던 지인들과 멀어져야 한다는 점이다. 남성은 은퇴를 즈음해 주변인들과의 관계가 약화되는 경향이 있지만, 여성은 그 반대다. 아이를 교육하고 식구를 돌보며, 주변 여성들과 정보를 교환해가는 가운데 촘촘한 인간관계를 만들어왔기 때문이다.

"와이프는 무조건 반대해요. 정 가고 싶으면 혼자 가서 살라고… 무조건, 자기는 도시에서 산대요. 죽었다 깨어나도 시골에 안 간다는 거예요… 왜 그런지 물어봤더니, 자기는 그냥 시골이 싫대요. 할 수 있는 게 없으니까. 또 자기는 여기 놀 사람들이 다 있잖아요."(A씨)

"제가 고향으로 가고 싶은 데엔 친구의 영향이 꽤 큰 것 같아요. 정말 편한 친구들이 다 고향에 있거든요. 근데 아내는 다르잖아요. 아이들 어릴 때부터 동네 아파트에서 함께 지내던 사람들끼리 한 번씩 모여서 노는 거죠. 시골에서 뭐하고 노나, 하더라고요."(B씨)

귀농의 꿈에 젖어 있는 남편을 향해 터져 나오는 말, '너나 가라, 시골에'. 이것이 최근에 '나홀로 귀농' '나홀로 귀촌'이 증가하고 있는 이유다. 귀농·귀촌을 촉진하고자 한다면, 여성 베이비부머에 대한 보다 깊은 이해가 꼭 필요하다. 해당 분야 전문가의 보다 심도 깊은 후속 연구를 기대한다.

베이비부머의 상당수는 어릴 적 시골을 떠난 이들이다. 그래서 고향에 대한 그리움이 남다르다. 물론 이들 가슴속 깊은 곳, 아지랑이 속에 잠겨 있는 듯한 고향의 아련함은 허구에 가까운지도 모른다. 거세게 몰아친 도시화의 과정에서 고향은 제 모습을 지키지 못했기 때문이다. 분명히 떠나온 자가 생각하는 고향은 무너져버린 지 오래되었다. 그래도 이들은, 고향으로 가고 싶어 했고, 그곳에서 뭔가를 하길 원했다. 지방에 정착할 주거공간을 적극적으로 제공하고, 제2의 인생을 준비하도록 여러 기회들이 제공된다면 이들의 귀향이 가능하지 않을까. '고향의 여건'에 대해 고민하면서, 그 가능성을 봤다.

베이비부머의 귀향은 현재 청년들이 안고 있는 여러 어려움들을 경감해줄 것이다. 청년들은 대도시에서 변화된 산업을 이끌어가며 미래를 꿈꿀 것이다. 그리고 이들이 키우는 도시가 꺼져가는 국가의 성장동력에 새로운 활기를 불어 넣을 것이다. 그리고 베이비부머는 '새 터'에서 '새 일'을 하며 인생의 후반을 행복하게 보낼 수 있을 것이다. 이런 미래는 그냥 오는 게 아니다. '정해진 미래'도 우리가 어떤 선택을 하는지, 그리고 어떤 노력을 하는지에 따라 '만드는 미래'로 바꿔나갈 수 있다. 도시로 떠난 인구가 다시 돌아오는 미래, 그리고 베이비부머와 젊은이가 서로를 존중하며 공생하는 미래는 우리가 어떤 상상을 하고, 어떤 제도를 만들어 나가는지에 따라 달라질 것이다.

주註

머리말·1부

1) 세계은행 홈페이지(https://www.worldbank.org/)를 참조.

2) 김태헌, 2010, 「우리나라 인구전개에서 베이비붐 세대의 의미」, 『연금포럼』, Vol. 37, pp. 4~11, 2010.

3) 통계청, 「2018년 5월 경제활동인구조사 고령층 부가조사 결과 보도자료」, 2018 년 7월 24일.

4) 허재경, 「직장인 체감 은퇴연령, 평균 50.2세」, 『한국일보』, 2017년 9월 20일.

5) 서성환, 「은퇴시점, 예상보다 5년 빠른 57세」, 『한국경제』, 2018년 10월 7일.

6) 통계청·금융감독원·한국은행, 「2018년 가계금융·복지조사 결과 보도자료」, 2018년 12월 20일.

7) 김하경, 「노후 걱정 없이 살 수 있는 생활비는…부부 月243만원」, 『동아일보』, 2018년 12월 26일.

8) 조성준, 「"70세 넘어도 일해야"… 한국, OECD국가 중 실질은퇴연령 최고령」, 『조선일보』, 2017년 4월 2일.

9) OECD(www.oecd.org)통계자료를 재구성.

10) 김찬호·고영직·조주은, 2018, 『당신의 이야기는 무엇입니까』, 서해문집, p. 41.

11) 라이나전성기재단과 서울대 소비트렌드분석센터의 공동 보고서인 「대한민국 중년 퇴직 후 라이프스타일」을 참고.

12) 이아영, 2018, 「중고령층 근로활동(은퇴/재근로)이 인지기능 및 정신건강에 미치는 효과: 효과 발생 메커니즘을 중심으로」, 한국보건사회연구원.

13) 김찬호·고영직·조주은, 2018, 『당신의 이야기는 무엇입니까』, 서해문집, p. 235.

14) 국가통계포털(http://kosis.kr/) '노인의 자살생각 이유 및 시도' 항목 참조.

15) 국가통계포털(http://kosis.kr/) 참조.

16) 위성용, 「OECD 노인자살 세계 최고…고령화 사회 '슬픈 자화상'」, 《뉴시스》, 2017년 9월 9일.

17) 2018년 통계청이 발표한 '2017~2067년 장래인구특별추계' 자료를 참고.

18) 통계청 홈페이지(www.kosis.kr) 참고.

19) 국가법령정보센터(http://www.law.go.kr/)에서 '청년발전 기본 조례'를 참고.

20) 국가통계포털(http://kosis.kr)을 참고.

21) 안병권·김기호·육승환, 2017, 「인구고령화가 경제성장에 미치는 영향」, 『BOK 경제연구』, No .21, 한국은행.

22) 조선일보 특별취재팀, 「100세 쇼크 축복인가 재앙인가」 "71년생(올해 만 40세) 돼지띠 남성들 절반이 94세 이상 산다", 『조선일보』, 2011년 1월 3일.

23) 권덕철, 「실질 소득대체율이 올라야 하는 이유」, 『한겨레』, 2018년 12월 27일.

24) 신재우, 「초저출산에 국민연금은 위기…"새 인구전망으로 다시 재정추계"」, 《연합뉴스》, 2019년 4월 16일.

25) 통계청, 「2016년 국민이전계정 보도자료」, 2019년 12월 9일.

26) 조병구, 2015, 「고령화에 대비한 제도 개선 방안」, 『고령화·저성장 시대, 우리는 준비되어 있는가? 정책세미나(2015. 7. 21.) 자료집』, 한국개발연구원(KDI).

27) 가키야 미우, 김난주 옮김, 2018, 『70세 사망법안, 가결』, 왼쪽주머니, pp. 9~39.

28) 박형서, 2018, 『당신의 노후』, 현대문학, pp. 125~126.

29) 송양민, 「6개 옛 명문고 베이비붐 세대 3500명 인생 추적─상」, 『주간조선』, 2010년 7월 27일.

30) 신동열, 2013, 「[Cover Story] 1960년대 우위점한 북한 경제…현재 GDP는 남한의 3% 수준」, 『한국경제』, 2013년 8월 2일.

31) 정인수, 2012, 「금융위기이후 고용정책 성과평가와 향후과제」, KDI 국제정책대학원.

32) 이철승, 2019, 『불평등의 세대』, 문학과 지성사, p. 92.

33) 박종규, 2013, 「글로벌 금융위기와 실업률: 과거의 위기사례와의 비교」, 『금융포커스』, Vol. 22, No.13.

34) 정인수, 2012, 「금융위기 이후 고용정책 성과평가와 향후과제」, KDI 국제정책대학원.

35) 이철승, 2019, 『불평등의 세대』, 문학과 지성사.

36) 국가통계포털(http://kosis.kr/)에서 가계금융복지조사(패널)의 '가구주연령계층별(10세) 자산, 부채, 소득현황' 자료를 참고.

37) 지은정, 2017, 「우리나라 연령주의 실태에 관한 조사연구: 노동시장을 중심으로」, 한국노인인력개발원.

38) United Nations, Department of Economic and Social Affairs, Population Division, 2019, World Population Prospects 2019.

39) 김종우·이승률·김수연, 2017, 「노인연령 상향이 기초연금 예산 절감에 미치는 효과」, 『이슈 브리프』, 2017년 12월호, 아산정책연구원.

40) 민효상·남재욱, 2017, 「지방정부 노인연령기준 조정의 재정효과와 노인빈곤 측면의 과제: 경기도를 중심으로」, 『한국사회복지조사연구』, 제55권, pp.123~148.

41) 정년에 관해서는 '고용상 연령차별금지 및 고령자고용촉진에 관한 법률(약칭: 고령자고용법)'의 제19조를 참조.

42) 국가통계포털(http://kosis.kr/)에서 '장래인구추계' 중 '중위추계: 연령계층별 인구 민 구성비' 항목을 참조.

43) 통계청, 「경제활동인구조사 고령층 부가조사」, 2018년 5월.

44) 김태유, 2013, 『은퇴가 없는 나라: 국가 경제를 이모작하라』, 삼성경제연구소.

45) Horn, J. L. and Cattell, R. B., 1967, 「Age Difference in Fluid and Crystallized Intelligence」, 『Acta Psychologica』, Vol. 26, No. 2.

46) Baltes, B. B., Rudolph, C. C, and Zacher H., 2019, 『Work Across the Lifespan』, Academic Press.

47) 장석인, "4차산업혁명시대, 한국 제조업의 발전전략과 과제", 산업연구원 세미나 발표자료, 2017. 4.

48) 조성철·남기찬·장철순, 2018, 『창업·혁신생태계 구축을 위한 산업입지 전략 연구』, 국토연구원.

49) 농림축산식품부·해양수산부·통계청, 「2018년 기준 귀농어·귀촌인통계 결과 보도자료」, 2019년 6월 26일.

50) 김한종, 2015, 「도시와 농촌간 인구이동 현황과 시사점」, 『NH농협조사월보』, No. 599

51) 조형국, 2015, 「'이촌향도' 옛말…이미 2007년부터 '이도향촌'」, 『경향신문』, 2015년 12월 27일.

52) 서울연구원 도시정보센터, 2019, 「서울인포그래픽스」, 제278호.

53) 이소영 외, 2018, 『2018년 전국 출산력 및 가족보건·복지 실태조사』, 한국보건사회연구원.

54) 스타벅스 홈페이지(https://www.istarbucks.co.kr)의 매장정보를 활용해 분석.

55) 유니온조사연구소, 2006, 「은퇴 후 농촌 이주의향 파악을 위한 조사 결과 보고서」, 농림부

56) 김창현·변필성, 2011, 『베이비붐 세대의 은퇴와 농촌활성화 전략 연구』, 국토연구원, pp. 41~42.

57) 통계청의 '2018 국내 인구이동 통계자료'를 이용해 분석.

58) 송성환·박혜진, 2018, 『농업·농촌에 대한 2018년 국민의식 조사 결과』, 한국농촌경제연구원.

59) (주)한국갤럽에서 2507가구를 대상으로 면접조사한 '2018년 귀농·귀촌 실태조사' 내용.

60) 마상열, 2012, 「도시민의 귀농·귀촌 의식조사와 시사점」, 『경남정책 Brief』, 2012년 7월, pp. 1~8.

61) 송현주 외, 2018, 『중·고령자의 경제생활 및 노후준비 실태: 제7차(2017년도) 국민노후보장패널조사(KrelS) 기초분석보고서』, 국민연금공단 국민연금연구원.

62) 네이버사전(https://ko.dict.naver.com/)을 참조.

63) 김철규·이해진·김기흥·박민수, 2011, 「귀농귀촌인의 성공적 정착과 농촌사회 발전 방안 연구」, 농림수산식품부 연구보고서.

64) 마상진·최윤지, 「역귀농·귀촌 의향 영향 요인분석」, 『농촌사회』, Vol. 26, No. 1, pp. 37~63.

65) 김철규·이해진·김기흥·박민수, 2011, 「귀농귀촌인의 성공적 정착과 농촌사회 발전 방안 연구」, 농림수산식품부 연구보고서, p. 156.

66) 이 자료는 앞서 2019년 통계청 인구자료와는 차이가 있다.

67) 한국노동패널조사 자료를 통해 분석했다.

68) 김주영 외, 「2018년 '국가교통조사 DB시스템 운영 및 유지보수' 특별교통대책 기간 통행실태 조사」, 한국교통연구원.

69) 통계청의 인구주택총조사 20% 표본조사(2015년) 자료를 이용한 분석 결과.

70) 차재권, 「역대정부 균형발전정책의 성과 평가: 박정희정부에서 박근혜정부까지」, 『사회과학연구』, Vol. 25, No. 2, pp. 130~174.

71) '국토교통부, 2018, 「2018 국토모니터링 보고서」, 국토교통부 국토정보지리원' 자료에 최근 통계청이 발표한 2019년 인구자료를 포함했다.

72) 김규원 외, 2018, 「122개 공공기관을 지방으로…민주당, 공공기관 '2차 이전' 추진 왜?」, 『한겨레』, 2018년 9월 6일.

73) 송인걸, 「'백화점이 슈퍼로' 대전의 쇠락…"원도심 혁신도시만이 살길"」, 『한겨레』, 2019년 6월 27일.

74) KBS 명견만리 제작진, 2017, 『명견만리: 정치, 생애, 직업, 탐구 편』, 인플루엔셜.

75) 박준희, 「현대판 고려장?… ⽇ 고령인구 지방이주정책 논란」, 『문화일보』, 2015년 7월 10일.

2부·맺음말

1) 김찬호·고영직·조주은, 2018, 『당신의 이야기는 무엇입니까』, 서해문집, p. 49.

2) 신현구, 2007, 「노동시장 은퇴자의 은퇴 만족도 및 삶의 만족도」, 『노동리뷰』, No. 27, pp. 81~93.

3) 김신영·박승혁, 2011, 「[2011년 한국인이여 행복하라] 가장 행복한 사람? 행복 9개국(각종 행복관련 조사 최상위권 국가)은 "나 자신" VS. 한국은 "빌 게이츠"」, 『조선일보』, 2011년 1월 1일.

4) 국가통계포털(http://kosis.kr/) '사회조사: 직업 선택 요인(복수응답, 13세 이상 인구)'을 참조.

5) 헨리 데이비드 소로, 김석희 옮김, 2017, 『월든』, 열림원.

6) 신현구, 2007, 「노동시장 은퇴자의 은퇴 만족도 및 삶의 만족도」, 『노동리뷰』, No. 27, pp. 81~93.

7) 김대환, 2011, 「은퇴자의 삶의 만족도 결정요인」, 『보험동향』, 2011년 봄호, pp. 16~34.

8) 황원경 외, 2018, 「2018 KB 골든라이프보고서」, KB금융지주 경영연구소, p. 35.

9) 농림축산식품부, 2020, 「2019년 귀농·귀촌 실태조사 결과 발표, 보도자료」, 2020년 2월 27일.

10) 모종린, 2019, 「[모종린의 로컬리즘] 로컬은 창조의 자원이다」, 조선일보, 2019년 11월 1일.

11) 곽영훈, 「베이비부머 고령사회 거지되나」, 『주간동아』, 2015년 6월 29일.(http://weekly.donga.com/List/3/all/11/99565/1)

12) 김민철, 「노인빈곤율 47%? 자산 포함땐 29%로 뚝」, 『조선일보』, 2019년 4월 25일.

13) 이철용·윤상하, 2006, 「베이비붐 세대의 은퇴가 주식 및 부동산 시장에 미칠 영향」, LG경제연구원.

14) 백은영, 2018, 「우리나라 베이비부머 가계의 부동산 투자 행동에 관한 연구」, 『한국FP학회』, 제11권, 제3호, pp. 1~28.

15) 음성원, 2017, 『도시의 재구성: 쉼 없이 진화하는 도시 르포르타주』, 이데아.

16) 장상진, 「베이비붐 세대 있는 한 부동산 쉽게 안 떨어져」, 『조선일보』, 2018년 7월 16일.

17) 국토교통부, 2019, 「2018년도 주거실태조사」, pp. 61~62.

18) 김미경·이창무, 2015, 「분위회귀를 이용한 주택규모별 수요예측」, 『부동산학연구』, Vol. 21, No. 3, pp. 45~62.

19) 주택연금의 근거법은 '한국주택금융공사법'으로서, 공식명칭은 '주택담보노후연금'이다.

20) 황원경 외, 2018, 「2018 KB 골든라이프보고서」, KB금융지주 경영연구소, p. 26.

21) 중위가격은 KB부동산(https://onland.kbstar.com/)의 '[월간] KB주택가격동향' 자료를 참고.

22) 이철승, 2019, 『불평등의 세대』, 문학과 지성사.

23) 〈조세특례제한법 시행령〉 제99조의4 제6항을 참조.

24) 이서경, 「내 직업은 농업인, 올해 국민연금 혜택 는다」, 대한민국 정책브리핑, 2019년 1월 8일.

25) 한국문화예술위원회, 2015, 『2015 문예연감』

26) 서울교통공사(http://www.seoulmetro.co.kr/)의 '2019년 수도권 전철 현황'을 참고.

27) 국토연구원, 2019, 「2018 국토모니터링 보고서」, 국토교통부 국토지리정보원.

28) 조영재·조은정, 2011, 「농촌지역의 전원주거단지 조성실태 및 거주자 특성에 관한 연구: 충청남도를 중심으로」, 충남발전연구원.

29) 행정안전부 국가기록원(http://www.archives.go.kr/)을 참조.

30) 서진형, 2019, 「일본의 CCRC 관련 정책에 관한 연구: 생애활약마찌 구상을 중심으로」, 『부동산경영』, 제19집, pp. 73~91.

31) 内閣官房まち・ひと・しごと創生本部事務局, 2019, 「生涯活躍のまち」づくりに関する手引き」(第4版)

32) 강미나 외, 2017, 「인구감소시대 빈집 문제 분석을 통한 주택정책 방안 연구」, 국토연구원.

33) 이에 대한 자료는 일본의 마을·사람·일자리 창생본부의 홈페이지(https://www.kantei.go.jp/jp/singi/sousei/about/ccrc/)를 참조.

34) 김미희.김석경, 2015, 「대학연계형 은퇴주거단지의 계획 및 운영상의 특성분석 연구: 미국의 사례를 중심으로」, 『한국주거학회논문집』, Vol. 26, No. 4.

35) 김찬훈, 2018, 「자립형 '고령자서비스주택', CCRC 2: 대학연계형을 중심으로」, 행복한 은퇴발전소(http://retirement.miraeasset.com/), 2018년 5월 9일.

36) 안지혜, 「[그래픽] 대학 입학자원 감소 추이」, 중앙일보, 2018년 4월 11일.

37) 이지혜, 2014, 「[실버타운 탐방③] '더 클래식 500' 실버타운의 편리함에 6성급 호텔 서비스를 더하다」, 브라보 마이 라이프, 2014년 4월 27일.

38) 국가통계포털(http://kosis.kr)을 참조.

39) 서정필, 「[100세시대 한국 노인의료⑦-끝] "초고령사회, 새로운 진료시스템 구축해야"」, 《헬로코리아뉴스》, 2019년 7월 1일.

40) 농촌진흥청, 「 농어촌 '복지' 만족도 5년 전보다 높아져 보도자료」, 2019년 4월 25일.

41) 국토연구원, 2019, 「2018 국토모니터링 보고서」, 국토교통부 국토지리정보원.

42) 서한기, 「지역 간 의료인력 격차 심각… 필수 의료서비스 부족 초래」, 《연합뉴스》, 2019년 4월 24일.

43) 서우진, 2018, 지역 의료격차 이렇게 심하다니…강남 29.6명 vs 영양 107.8명' 매일경제, 2018년 10월 1일.

44) 보건복지부, 2018, 「공공의료 강화로 필수의료 서비스 지역격차 없앤다」, 보도자료, 2018년 9월 27일.

45) 박으뜸, 「의대등록금 여전히 1000만원…39개 대학 평균 977만원」, 《메디파나뉴스》, 2018년 5월 1일.

46) 강애란, 「23년 만에 부활 '공중보건장학제도'…대량 미달」, 《연합뉴스》, 2019년 4월 9일.

47) 임솔, 「日 "의대 장학금 줄테니 9년간 지역에 남아라"…지역정원 제도 미달 속출」, 《메디게이트》, 2018년 11월 29일.

48) 이정아·김동진, 2018, 「일본의 취약지 의료인력 확보 정책: 도.도.부.현 사례를 중심으로」, 『국제사회보장리뷰』, Vol. 4, pp. 81~93.

49) 임솔, 「日 "의대 장학금 줄테니 9년간 지역에 남아라"…지역정원 제도 미달 속

출」,《메디게이트》, 2018년 11월 29일.

50) 송성철, 2018, 「만성 질환 노인 '전문성' 갖춘 동네의원 '선호'」, 『의협신문』, 2018년 2월 27일.

51) 신영진, 2006, 「전국민 주치의제도의 새로운 접근」, 『가정의학회지』, 제27권, 제4호, pp. 489~ 500.

52) 홍성의료원의 사례는 '김선옥, 「홍성의료원, 재활센터 병동 폐쇄」, 《홍주일보》, 2018년 8월 9일'을 참조.

53) 홍성의료원에서는 홈페이지(https://www.hsmc.or.kr/)를 통해 '2020년도 간호학과 졸업예정자 장학금 안내' 공고를 했다.

54) 이상윤, 「지방에 간호사가 부족한 이유」, 『한겨레』, 2017년 4월 24일.

55) 최명국, 「기초연금 인상, 전주시 재정 부담 커져」, 『전북일보』, 2019년 2월 28일.

56) 이은지, 「여당 지자체장, 文에 편지 호소 "기초연금 부담 커…이러다 파산"」, 『중앙일보』, 2019년 1월 20일.

57) 임도원, 「기초연금 부담 1조 증가…허리 휘는 지자체 "월급도 못줄 판"」, 『한국경제』, 2019년 10월 27일.

58) 김기홍, 「지난해 日 고향세 '사상 최고'」, 『농민신문』, 2019년 8월 12일.

59) 강국진, 「'고향세' 지자체 기부 경쟁 촉발… 日, 수입액 90% 답례품에 지출」, 『서울신문』, 2019년 9월 11일.

60) 김기홍, 「일본 정부, 고향세 '고가 답례품' 제동」, 『농민신문』, 2018년 9월 17일.

61) 육동한·박상헌·염명배·전지성, 2017, 「고향사랑기부제도 도입을 위한 정책연구」, 강원연구원.

62) 강국진 뉴스레터 '자작나무통신', 2018년 8월 3일.

63) 강국진, 「'고향세' 지자체 기부 경쟁 촉발… 日, 수입액 90% 답례품에 지출」, 『서울신문』, 2019년 9월 11일.

64) 전창훈, 「'수도권-지방 이중 주소제' 지방 살릴 묘수로 부상」, 『부산일보』, 2019년 5월 8일.

65) 김찬호·고영직·조주은, 2018, 『당신의 이야기는 무엇입니까』, 서해문집, p.220.

66) 세 명의 서로 다른 여성 베이비부머의 인터뷰 내용. 박태정, 2013, 「베이비부머 세대들의 삶을 통해 본 일과 은퇴의 경험적 의미에 대한 연구」, 『노동정책연구』, Vol. 13, No. 3, p. 42.

67) 심현정·정나라, 2018, 「5가지 키워드로 본 5060세대의 가족과 삶」, 『2018 미래에셋 은퇴라이프트렌드 조사 보고서』, 미래에셋은퇴연구소.

찾아보기